I0847330

ARTHUR RIMBAUD

VERSOS ESCRITOS EN EL INFIERNO

astria

VERSOS ESCRITOS EN EL INFIERNO
ARTHUR RIMBAUD

©Colección Erandique
Supervisión Editorial: Óscar Flores López
Diseño de portada: Andrea Rodríguez
Administración: Tesla Rodas—Jessica Cordero
Director Ejecutivo: José Azcona Bocock
Primera Edición
Tegucigalpa, Honduras—Enero de 2026

MI HERMANO ARTHUR

I

Lo vi aquí, cuando vino a nuestra casa por última vez. Inolvidables jornadas, vigilias y noches, ¡que no volverán jamás, jamás, jamás, jamás!

Yo sostuve su cuerpo vacilante. Llevé en mis brazos este cuerpo sufriente y desfalleciente. Guié sus salidas y vigilé cada uno de sus pasos: lo conduje y acompañé a donde quiera que quiso: lo ayudé siempre a entrar, a subir, a descender; alejé de su único pie la trampa y el obstáculo.

Preparé su asiento, su cama, su mesa. Bocado a bocado, le di algo de comer. Puse en sus labios el vaso para que bebiera, a fin de que su sed se saciara. Seguí con atención la marcha de horas y minutos. En el instante preciso, le daba cada una de las pociones ordenadas. ¡Y cuántas veces al día! Emplee las jornadas para tratar de distraerlo de sus pensamientos y de sus penas. Pasé las noches en su cabecera: hubiera querido dormirlo haciendo música, pero la música lloraba siempre. En plena noche me pedía que fuera a cortar la amapola adormecedora, y yo iba. En las tinieblas me daba prisa y preparaba luego brebajes calmantes, que él se bebía…

Las vigilias recomenzaban durando hasta la mañana. Y cuando lograba dormir, me quedaba cerca para mirarlo, para quererlo, para rogar, para llorar. Si partía al alba, aun sin hacer ruido, se despertaba de inmediato y su voz, su amada voz, me llamaba. Y yo acudía en seguida cerca de él, feliz de poderlo aún ayudar.

¡Cuántas veces, en el curso de las mañanas, cuando al fin saboreaba cierto reposo, me quedaba horas, la oreja pegada a su puerta, espiando su llamado, espiando su aliento!

Ningunas manos como las mías lo cuidaron, lo tocaron, lo vistieron, lo ayudaron en su sufrir. Nunca ninguna madre pudo sentir más viva solicitud por su hijo enfermo… Él me hablaba del país que acababa de dejar y me contaba sus trabajos. Tenía también mis recuerdos del pasado y de la dicha perdida. Y sus lágrimas caían amargas, abundantes. Trataba de calmar su pena sin lograrlo, sabiendo que ya la vida no le sonreiría más; e impotente para darle consuelo, mirando, muda, caer sus lágrimas, veía al mismo tiempo hundirse cada día más sus mejillas pálidas y alterarse su admirable rostro.

A menudo él me preguntaba quién en su lugar —él, tan bueno, tan caritativo, tan recto—, habría podido soportar todos estos males atroces.

Yo no sabía qué responderle. Tenía miedo y tengo miedo aún, de estar en su lugar.

¡Ay de mí!

Lo ayudé a morir, y él, antes de dejarme, me quiso enseñar la verdadera dicha de la vida. Muriendo, me ayudó a vivir.

II

Allá abajo, más allá de los mares, en las montañas etíopes, bajo el tórrido sol, entre el viento abrasante que seca los huesos y altera las médulas, ¡qué de fatigas no soportó! Ningún europeo antes de él intentó llevar a cabo los trabajos a los que se vio obligado. ¡Cuántos esfuerzos incesantes! ¡Cuántas andanzas!

¡Oh! Ese viaje fatal de Tadjourah a Choa y a Abisinia. ¿Qué mal soplo pudo respirar en esas funestas regiones? ¿Qué ángel maligno lo condujo? Por más de un año, sí, por más de un año, padeció allí, en su cuerpo como en su espíritu, todas las pruebas y los hastíos posibles. ¿Y cuál compensación como reciprocidad? Conoció todos los desencantos: un desastre completo.

La enfermedad había merodeado en torno de él. Como un reptil venenoso lo enlazó y, poco a poco, insensible pero firmemente, fue conduciéndolo sin que él se apercibiera, a la catástrofe final.

—¡Adelante, coraje! Tú no has sido feliz al lado del rey. ¡Y bien! Redobla tus esfuerzos, multiplica tus facultades, sal de las vías comunes. Nada del don de la inteligencia y la fuerza del común de los hombres. ¡Oh, no! Hay en ti un genio excepcional. La centella divina deparada a cada uno de nosotros es en tu alma un fogón incandescente, una luz deslumbrante que penetra íntegra en todas partes. Y lo que hace tu fuerza es la voluntad vehemente y osada a la cual sometes tus músculos y tu pensamiento, sin escuchar sus quejas ni su necesidad de reposo. Trabaja, tú que tanto has trabajado. ¡Instrúyete, tú que eres una enciclopedia viva! Después de las jornadas abrumadoras, dedica una parte de las noches a estudiar los múltiples idiomas africanos, ¡tú que hablas con soltura todas las lenguas de Europa! ¡No encuentra ningún gusto en comer ni beber, ni en los otros placeres de los que se sustentan los demás blancos! ¡Pon bien atención! ¡Lleva una vida ascética!… Unos minutos bastan para tus comidas, y durante once años, no calmas tu sed sino con agua. Cuando te reúnes con amigos es únicamente para hablar de negocios y de noticias que interesan a todos. A veces un poco de música, muchas luces, pero siempre gobernando todo con tu conversación incomparable, que sabe por sí sola amenizar y encantar a aquellos que tienen el honor de ser admitidos en tu casa. La pureza de tus costumbres es ya leyenda. Nunca un ser de lujuria ha franqueado tu umbral y tus pies nunca han entrado en una casa de placer… ¡Sé bueno, sé generoso!… Tu obra benefactora se conoció, aun lejos. Cien ojos acechan tus salidas cotidianas. En cada recodo del camino, detrás de cada matorral, en la ladera de cada colina te encuentras con pobres. ¡Oh Dios, qué legión de desdichados! Das a aquél tu gabán, a ese otro tu chaleco. Tus calcetines y zapatos son para aquel cojo con los pies sangrantes. ¡Y he aquí otros! Distribúyeles todas las monedas que tienes contigo: thalaríes, piastras, rupias. ¿Ya no hay nada para ese viejo aterido? Sí. Dale tu camisa. ¡Y si ya estás desnudo y te encuentras todavía a pobres, los llevarás a tu casa y les distribuirás los alimentos de tu comida! En suma, te desposeerás de todo lo superfluo y aun del bienestar para venir en ayuda de todos aquellos que, a tu paso, tienen hambre o frío… Para ti mismo, sé estrictamente ahorrativo. Nada de gastos inútiles ni menos de lujos inútiles. ¿Quién ha construido y fabricado los muebles de tu vivienda? Tú mismo. Posees, pues, el secreto de los artesanos. Conoces asimismo el arte del labrador: has sembrado en tierra semillas europeas, y en tus jardines de cafetos, entre tus plantas de bananos, se entremezclan, vigorosas y magníficas, las legumbres más exquisitas de los huertos de occidente. Tu industria y tu labor son fecundos en todos sentidos… ¿Quién es esta indígena que se entrega a los cuidados más diversos de la casa, del patio y de los almacenes? Es tu sirviente fiel, aquel que, después de ocho años, te venera y te quiere obedeciéndote. Es Djami.

Oh bienamado, ¿quién podría odiarte? Tú eres la bondad, la caridad mismas. La probidad y la justicia están en tu esencia. Y además hay en ti un encanto indefinible. En torno tuyo repartes no sé qué atmósfera de dicha. Donde quiera que pasas se respira un perfume delicioso, sutil, penetrante. ¿Qué talismanes llevas? ¿Eres mago? ¿Qué alas poderosas has creado para cernirte como lo haces por encima de todos?… ¿Pero qué locuras digo? Eres bueno , y he allí toda tu magia, ¡oh amado ser predestinado!… ¿Al menos eres feliz? No, el país de tus sueños no existe en esta tierra. Ha recorrido el mundo sin encontrar el sitio correspondiente a tu ideal. Hay en tu alma y en tu espíritu perspectivas y aspiraciones más maravillosas que las que pueden ofrecer las comarcas más seductoras allá abajo.

Pero uno se apega al país done más se ha penado, donde más se ha sufrido, siempre haciendo el bien. Por eso Adén y Harar están inscritos desde ahora en tu corazón. Habrán matado tu cuerpo, ¿qué importa? Tu recuerdo quedará más allá de la muerte. Adén, roca calcinada por un sol perpetuo: Adén, donde el rocío del cielo no desciende sino una vez cada cuatro años; Adén, donde no crece una brizna de hierba, donde no se encuentra una umbría; Adén, la estufa donde los cerebros hierven en los cráneos que estallan, donde los cuerpos se secan… ¡Oh! ¿Por qué amaste a este Adén al grado de desear que tu tumba estuviera allí?

Harar, prolongación de montañas abisinias: frescas colinas, valles fértiles, clima templado, primavera perpetua, pero también vientos secos y traidores que penetran hasta la médula de los huesos… ¿Exploraste lo suficiente tu Harar? ¿Hay en toda esa región un rincón que te haya sido desconocido? A pie, a caballo o en mula recorriste todos los sitios… ¡Oh, las cabalgatas insensatas a través de montañas y llanuras! ¡Qué fiesta sentirse arrebatado raudamente como el viento entre desiertos de verdor o rocas! Con más viveza que un fauno recorres los senderos de los bosques; rozas ligeramente, como un silfo, el suelo móvil de los pantanos… Y tus caminatas intrépidas, desafiando a los indígenas en audacia, en soltura, en agilidad… ¡Qué alegría arrojarse, con la frente descubierta, por valles de lujuriosa vegetación y trepar montañas inaccesibles! Qué orgullo poder decirse: "¡Sólo yo he podido subir hasta aquí y ningunos pies, sino los míos, han pisado hasta ahora este suelo inexplorado!" ¡Qué felicidad, qué delicia sentirse libre, de recorrer sin trabas, con el sol, con el viento, con la lluvia, montes y valles y bosques y riberas y desiertos y mares…

!Oh, pies viajeros, ¿encontraré de nuevo vuestras huellas en la piedra o en la arena…?

¿Encontraré de nuevo, sobre todo, las huellas de los trabajos ejecutados con un valor inaudito? Las innumerables cargas de café, los bultos preciosos de marfil y los perfumes tan penetrantes de incienso y de musgo. ¿Y las gomas y los oros? Todo comprado en inmensas extensiones del país, después de recorridos agotadores o de cabalgatas que destrozan los miembros. Y no había nada, salvo comprar. Y cuando los naturales entregaban sus productos, ¿no había que pesarlos, someterlos a variadas preparaciones y embalarlos para su expedición en caravanas hacia la costa, donde no llegan completos y en buen estado sino a costa de mil esmeros, de mil preocupaciones y de angustias mortales? ¿Quién podría enumerar lo que hicieron dos brazos enérgicos, como nunca hubo otros brazos, sin desanimarse ni descansar en el curso de once años? ¿Quién podría explicar las ingeniosas combinaciones de este cerebro más dotado que ningún otro? Y además, ¡cuántos fastidios y tormentos en medio de negros holgazanes y obtusos! ¿Cuántas inquietudes para las caravanas en las largas jornadas mientras atraviesan el desierto! Los camellos y las mulas de carga, que llevan una fortuna, son confiados a la vigilancia y a la dirección del árabe, empresario de transportes. Mil peligros acechan en la soledad de la ruta. Además de lluvias y vientos, están la caza mayor, los leones, las panteras; están, sobre todo, los beduinos, tribus errantes y malvadas de malhechores, los dankalíes, los somalíes… Mientras la caravana avanza lentamente hacia el mar, el patrón, el negociante, que se quedó en su factoría para llevar a cabo nuevas transacciones y reunir los elementos de un nuevo convoy, piensa sin cesar aterrorizado que el fruto de su tarea de gigante está expuesto a perderse sin remedio cada minuto de días y noches. Siente su cerebro contraerse de angustia y la fiebre recorre su cuerpo. Noche a noche su cabello encanece. Calcula el trayecto recorrido y el que falta por recorrer, mientras la inquietud lo devora. Y este suplicio durará un largo mes, el mínimo requerido para que la expedición vaya y regrese.

En estas transportaciones aventureras, la mayor parte de los negociantes han sufrido pérdidas, a menudo considerables. Dinero, mercancías, aun a veces servidores y bestias de carga, que se vuelven botín de los acechadores del desierto. Mi bien amado hermano nunca perdió nada; salió victorioso de toda dificultad. La más dichosa intrepidez presidía sus empresas, que tenían éxito más allá de sus esperanzas, gracias a su reputación de benefactor que se había extendido de montaña en montaña, a tal grado que, en vez de apropiarse de las riquezas de aquel a quien llamaban El Justo y El Santo, los nómadas El oro se atesora; la fortuna viene, arriba. El porvenir es seguro. El enemigo, es decir, la pobreza, las labores desagradables, la soledad y el hastío, el enemigo ha sido derrotado. Basta extender la mano para coger la palma, la recompensa de tantos esfuerzos sobrehumanos…

III

Tendido para siempre, sufriendo sin tregua el más atroz martirio en su lecho de dolor, en el fondo de su pequeño cuarto ensombrecido por la proximidad de la galería de piedra y de plátanos frondosos, ¡cuánto aprendí de él! En cuatro meses me enseñó lo que otros en treinta años. Le debo saber qué son el mundo y la vida, la dicha y la infelicidad. Sé lo que es vivir, lo que es sufrir, lo que es morir. conozco también la delicia que se llama sacrificio, y por encima de todo, sentí la alegría inefable de amar de modo absoluto a un ser de mi sangre y sagrado —¡oh la ternura fraternal de esencia pura y divina!—, de amarlo en el goce, en la prueba, en la desdicha, precipitándome de espíritu y de corazón hacia él; de amarlo en el sufrimiento y en la enfermedad para ya no abandonarlo; de amarlo en la agonía y en la muerte, asistiéndole sin debilitarme, y ejecutando, más allá de la muerte, su voluntad, sus sencillas recomendaciones, y si Dios quisiera, muriendo poco después de él, de la misma muerte que la suya, para tranquilizar así a su inquieta alma que temía que yo lo olvidase sobre la tierra.

¡Olvidarlo, nunca! ¿Podría olvidar yo mi felicidad, olvidar a aquel que hizo nacer mi alma a una vida divina? ¿Pero acaso no está él íntegramente en todas partes, y en todos los horizontes maravillosos que me descubrió. Él, mi ángel, mi santo, mi amado, mi alma?… Sí, mientras más reflexiono, más creo que los dos teníamos la misma alma. Muerto él, no es seguro que yo pueda vivir.

Me vuelvo a ver muy niña, en la época de su primera partida, en septiembre de 1870. Era ya muy noche. Bajo las grandes avenidas de castaños, en Charleville, la muchedumbre en tumulto se apretaba para tener noticias de la guerra, y no se hablaba, ¡hay!, sino de derrotas. Repentinamente, por encima de todos los ruidos, se elevó un canto, viril, solemne, vibrante llamada a las armas por la patria. Aún ignoro cuáles artistas entonaron esa noche aquellos cuentos sublimes. Desde entonces no he oído nada tan bello ni tan conmovedor. Pero yo, pequeña, grano de polvo en la multitud, no asocié ese canto con la Francia en peligro. La mitad de mi alma me había sido arrebatada y había partido con él, lejos del hogar y de la seguridad. Y los llantos de desesperación atestiguaban ya la enorme parte de mí misma que había huido.

Desde entonces lo seguí por dondequiera a través del mundo, en pensamiento, en sufrimiento, en gozo, sin forzar mi voluntad, casi a pesar mío. En los días duros, cuando él soportaba el frío, el hambre, sufría con él. Mi espíritu ansioso no podía descansar en ningún sitio. Positivamente, sí, sentía una parte de mí misma en desamparo.

Viví asimismo noches de extravío y delirio. Mi alma lloraba maltratada. Oía extrañas armonías, zumbidos misteriosos. Vagas y dolorosas visiones danzaban delante de mí. Aquellas noches velos de nieve rodeaban mis sentidos y mi imaginación. No sabría definir mis impresiones. Temblaba y la fiebre me ardía.

Estaba con él entre la niebla gris o bajo el sol pálido de Londres, o bajo el cielo azul de Italia, o en las nieves del San Gotardo. Seguía con él las grandes rutas. Atravesábamos bosques y praderas. Un mes entero erramos en la atmósfera quemante de Java. Mis ojos aún están llenos de cosas y de paisajes maravillosos de aquel país. Veo aún a los isleños pequeñitos y amarillos en el resplandor de sus campos…

Estaba todavía a su lado en el Cabo de Buena Esperanza, cuando la horrible tempestad se aprestaba a engullirlo. Cerraba los ojos de espanto, mi cabeza se rompía: yo también estaba a punto de zozobrar.

¡Y los regresos! ¡Ah, qué alegrías delirantes! ¡La dicha de encontrarse entera y perfecta, después de haber sufrido largo tiempo la ausencia de la mejor parte de mí misma! Porque él era muy superior a mí; me dominaba, como el más bello y noble árbol de la Creación dominaría a la más diminuta brizna de hierba. Pero me quería tiernamente, y yo me había apegado a él igual que un pequeñísimo polvo de plata que un artista divino habría vaciado en el molde de una colosal estatua de oro.

Conocía sus obras sin haberlas leído nunca. Yo las había pensado. Pero yo, ínfima, no habría podido expresarlas con su verbo mágico. Admiraba y comprendía, eso era todo.

Salía de la infancia cuando él entraba en la edad viril. Poseíamos la plenitud de nuestra fuerza física y de nuestras facultades intelectuales. Entonces el destino nos separó. Miles de kilómetros se interpusieron entre nosotros.

Por separado cada uno se puso a perseguir lo bueno y lo bello, el honor del presente y la seguridad del porvenir. Ambos teníamos (él como hombre, yo como mujer) aspiraciones modestas y santas, una vez que las primeras y juveniles ambiciones se apagaron. Queríamos a la buena tener el derecho de vivir a pleno sol, en los campos sagrados de la familia, de la dignidad, del deber.

Once años consecutivos perseguimos nuestro objetivo sin desfallecer un instante, tan ocupados cada uno por su lado que, aun sin olvidarnos, apenas nos hablábamos a la distancia. Nadie en el mundo ha hecho el esfuerzo que nosotros hicimos; nadie tuvo nuestra perseverancia, nuestro valor. Las fatigas corporales, que soportamos uno y otra son inauditas, más allá de las comunes posibilidades humanas. Los trances morales bajo los cuales vivimos no han sido nunca padecidos con tal valor por los otros mortales. Siempre trabajamos sin debilidad, sin vacilaciones, sin permitirnos la menor distracción ni el menor relajamiento. No saboreamos ninguno de los placeres de los que los jóvenes no se privan. Ninguna existencia fue más austera que la nuestra. Los carmelitas y los trapenses han tenido más alegrías de las que a nosotros nos fueron otorgadas. Y no ha sido por salvajismo o avaricia que llevamos ese género de vida. Era porque estábamos absorbidos por la visión del objetivo santo y noble y concentrábamos todos los esfuerzos para alcanzar ese objetivo. Éramos buenos, caritativos, generosos. No podíamos ver la miseria y el infortunio sin apiadarnos y socorrer en la medida de nuestra fuerza. Éramos probos. ¡Que aquél a quien le hicimos mal voluntariamente se levante y nos arroje la primera piedra!

Creíamos en la virtud de los otros, porque la nuestra era inquebrantable, y no podíamos sospechar que aquellos que habrían debido ayudarnos, sostenernos y amarnos, nos pudieran traicionar, mentir, destrozar. Teníamos horror de la mentira, y amábamos, sí, amábamos a nuestro prójimo como a nosotros mismos. ¡Ah, qué ingenuos éramos para un siglo así...! Pero callemos. ¡No hay que reblandecerse! Lo que creíamos e hicimos estuvo bien. Y si fuera necesario recomenzar la vida, actuaríamos de la misma forma.

Como un palacio espléndido que un arquitecto de genio único edifica piedra sobre piedra con amor y perseverancia maravillosos, y que, al llegar al remate, mientras adhiere en la cúpula el último emblema dorado, se cree, por una edificación tan gloriosa, al abrigo de los sacudimientos del mundo, siente de pronto derrumbarse la obra y queda sepultado bajo el peso de preciosas materias, ¡de igual modo nuestras esperanzas y nuestro porvenir se quebraron repentinamente! El monumento elevado con tanto esfuerzo y esmero se abatió sobre nuestras cabezas, y nosotros, heridos de muerte, quedamos entre los escombros... ¡Implacable irrisión!... Fue el náufrago en el puerto, el rayo que en un parpadeo destruyó la catedral que generaciones modelaron laboriosamente, la granizada que asoló en un instante el primer día de la cosecha los tesoros acumulados por el sol y el rocío de todo un año. Juventud, trabajo, prosperidad, salud, vida, todo se perdió, todo se ha acabado...

Y es así, que a mil leguas de distancia el uno del otro —él, en un país de negros bajo un sol de oro y de umbrías encantadas, yo en un frío y oscuro campo francés—, probamos, casi en el mismo momento, en el instante preciso en que el objetivo de la santidad iba a alcanzarse, en un orden diferente y por razones diferentes, el aniquilamiento irremediable de nuestras radiosas esperanzas (y pese a todo tan legítimas). Para ambos, simultáneamente, sonó la hora de la Desdicha , irrevocable.

Isabelle Rimbaud

Roche, 1892.

UNA TEMPORADA EN EL INFIERNO

ADIÓS

¡Otoño ya! —Pero por qué echar de menos un sol eterno si nos hemos comprometido al descubrimiento de la claridad divina—, lejos de las personas que mueren con las estaciones. Otoño. Nuestra barca elevada en las brumas inmóviles gira hacia el puerto de la miseria, la ciudad enorme con cielo manchado de fuego y barro. ¡Ah, los harapos podridos, el pan empapado por la lluvia, la ebriedad, los mil amores que me han crucificado! Así que no hallará su fin esa necrófaga reina de millones de almas y cadáveres que serán juzgados! Ya me vuelvo a ver con la piel roída por el fango y la peste, con gusanes atestando los cabellos y las axilas y con otros aún más gruesos en el corazón, dejado entre los desconocidos sin edad, sin sentimiento… Habría podido morir allí… ¡Qué horrible evocación! Desprecio la miseria.¡Y temo el invierno porque es la estación de la comodidad!

— A veces veo en el cielo playas sin fin cubiertas de blancas naciones alegres. Un gran navío de oro, por encima de mí, agita sus pabellones multicoles bajo las brisas de la mañana. Creé todas las fiestas, todos los triunfos, todos los dramas. Intenté inventar nuevas flores, nuesvos astros, nuevas carnes, nuevas lenguas. Hasta creí haber adquirido poderes sobrenaturales. ¡Pues bien! ¡Ahora debo enterrar mi imaginación y mis recuerdos! ¡Bella gloria de artista y de narrador desperdiciada!

¡Yo!, que me nombré mago o ángel, dispensado de toda moral, ¡ahora soy regresado al suelo, con un deber por buscar y la rugosa realidad por estrechar! ¡Campesino!

¿Me equivoqué? ¿La caridad será en mi caso hermana de la muerte?

En fin, pediré perdón por haberme alimentado de mentira. Y sigamos.

¡Pero ni una mano amiga! ¿Y dónde conseguir ayuda?

* * *

Sí, la nueva hora es al menos muy severa.

Ya que puedo decir que he alcanzado la victoria: el rechinar de dientes, los silbidos de fuego, los suspiros llenos de pestes se calman. Todos los recuerdos inmundos se borran. Las últimas cosas de las que me arrepiento se esfuman, — la envidia por los mendigos, los bandidos, los amigos de la muerte, los rezagados de toda clase.— ¡Condenados, si yo me vengara!

Hay que ser absolutamente moderno.

Nada de cánticos: aferrarse a los avances logrados. ¡Dura noche! ¡La sangre seca envuelve en humo mi rostro, y no tengo nada detrás de mí, excepto ese horrible arbolillo!… El combate espiritual es tan brutal como la batalla entre hombres; pero la visión de la justicia es el placer exclusivo de Dios.

Entretanto ya es la víspera. Recibamos todos los influjos de vigor y de ternura real. Y en cuanto llegue la aurora, armados de una ardiente paciencia, entraremos a las espléndidas ciudades.

¡Qué hablaba yo de una mano amiga! Es una admirable ventaja poderme reír de viejos amores farsantes, y cubrir de vergüenza esas parejas mentirosas, —vi el infierno de las mujeres allá abajo;— y me será permitido *poseer la verdad en un alma y un cuerpo*.

ANTAÑO SI MAL NO RECUERDO

«Antaño, si mal no recuerdo, mi vida era un festín donde se abrían todos los corazones, donde todos los vinos fluían.

Una noche, senté a la Belleza en mis rodillas. —Y la encontré amarga.— Y la injurié.

Me armé contra la justicia.

Y huí. ¡Oh brujas, oh miseria, oh aversión; sólo a vosotras os fue confiado mi tesoro!

Logré desvanecer de mi espíritu toda humana esperanza. Sobre toda alegría, para estrangularla, realicé el sordo ataque de la bestia salvaje.

Llamé a los verdugos para morir mordiendo la culata de sus fusiles. Invoqué a las plagas para asfixiarme con la arena, con la sangre. La desdicha fue mi dios. Me lancé contra el fango. El aire del crimen me secó. Le jugué malas pasadas a la locura.

Y la primavera me dio la espantosa risa del idiota.

Pero ahora, recientemente, cuando estaba a punto de exhalar el último suspiro, pensé en buscar la llave del antiguo festín, en el que, tal vez, recobraría el apetito.

La caridad es esa llave. —¡Esta inspirada afirmación demuestra que he estado soñando!

«Seguirás siendo hiena, etc…» declara el demonio que me coronó con tan agradables adormideras. «Gánate la muerte con todos tus apetitos, y con tu egoísmo y con todos los pecados capitales».

¡Ah! Ya he aguantado bastante: —Pero, querido Satán, se lo ruego, ¡no se irrite tanto conmigo! Y a la espera de esas pequeñas vilezas que aún me falta cometer, desprendo para usted, que ama en el escritor la ausencia de toda facultad descriptiva o instructiva, unas cuantas repugnantes páginas de mi libreta de condenado.

DELIRIOS I: LA VIRGEN NECIA

Escuchemos la confesión de un compañero del infierno:

«Oh divino Esposo, mi Señor, no rechacéis la confesión de la más triste de vuestras siervas. Estoy perdida. Estoy borracha. Estoy impura. ¡Qué vida!

«¡Perdón, divino Señor, perdón! ¡Ah, perdón! ¡Cuántas lágrimas! ¡Y cuántas lágrimas pienso aún derramar!

«Después, ¡conoceré al fin al divino Esposo! Pues nací sometida a Él. —¡El otro puede golpearme hasta mientras!

«¡Por el momento, estoy atrapada en lo más profundo de este mundo! ¡Oh amigas mías…! No, no sois mis amigas… Jamás delirios ni torturas semejantes … ¡Qué estupidez!

«¡Ah! cuánto sufro, cuánto grito. Realmente estoy sufriendo. Y sin embargo, ya todo me está permitido, pues todo se le permite a la que va cargada del desprecio de los más despreciables corazones.

«En fin, hagamos ya esta confesión, aún cuando haya de repetirla veinte veces más, —¡igual de sombría, igual de insignificante!

«Soy esclava del Esposo infernal, aquel que perdió a las vírgenes necias. Es sin duda ese demonio. No es un espectro, no es un fantasma. Pero a mí, que perdí la prudencia, que estoy condenada y muerta para el mundo, —¡ya no podrán matarme!— ¡Cómo describíroslo! Ya ni siquiera sé hablar. Estoy de duelo, lloro, tengo miedo. ¡Un poco de aire fresco, Señor, si así lo consentís, si realmente lo consentís!

«Soy viuda… — Era viuda… — pero sí, antes solía ser muy seria, ¡y desde luego no nací para acabar convertida en esqueleto…!— Él era casi un niño… Sus misteriosas delicadeces me sedujeron. Y olvidé todo mi deber humano para seguirlo. ¡Qué vida! La verdadera vida está ausente. No pertenecemos al mundo. Voy adonde él va, hago lo que él quiere. Y a menudo se encoleriza contra mí, contra mí, contra la pobre alma. ¡El Demonio!— Porque es un Demonio, sabéis, él no es hombre.

«Y dice: «No me gustan las mujeres. El amor es para reinventarlo, eso se sabe. Las mujeres no desean más que una posición asegurada. Cuando la adquieren, corazón y belleza son dejados a un lado: sólo queda un frío desdén, el alimento del matrimonio, hoy en día. O bien veo mujeres, con signos de felicidad, que hubiesen podido ser buenas camaradas mías de no haber sido devoradas desde el principio por brutos tan sensibles como fogatas…"

«Lo escucho hacer de la infamia una gloria, de la crueldad un encanto. «Soy de raza lejana: mis padres eran escandinavos; se perforaban las costillas, bebían su propia la sangre. —Me voy a hacer cortaduras por todo el cuerpo y a tatuar, quiero ser tan repugnante como un mongol; ya verás, aullaré por las calles. Quiero volverme completamente loco de rabia. Jamás me muestres joyas, pues me arrastraría y me retorcería sobre la alfombra. Mi riqueza la quiero toda manchada de sangre. Jamás trabajaré…» Muchas noches, mientras me poseía, revolcándonos en el piso: ¡yo luchaba con él!— Y al anochecer, ebrio a menudo, se apostaba en las calles o en las casas para darme un susto de muerte. —«De verdad que me van a cortar la garganta; será tan asqueroso». ¡Oh, esos días en que le gusta pasearse con aires de criminal!

«A veces habla, en una especie de dialecto enternecido, de la muerte que nos hace arrepentir, de los desdichados que sin duda existen, de los trabajos penosos, de las partidas que desgarran el corazón. En las pocilgas donde nos emborrachábamos, él lloraba al pensar en aquellos que nos rodeaban, rebaño de miseria. Levantaba del suelo a los borrachos en las calles oscuras. Sentía la piedad de una mala madre por los niños pequeños. —Luego se iba mostrando gentilezas de niñita en el catecismo.— Fingía estar enterado de todo, comercio, arte, medicina. —¡Y yo lo seguía, que más podía hacer!

«Veía todo el decorado de que, en su mente, él se rodeaba: vestimentas, paños, muebles; y yo le prestaba armas, otro rostro. Veía todo lo que lo conmovía, tal y como él hubiese querido crearlo para sí mismo. Cuando me parecía que su espíritu estaba inerte, lo seguía, lejos, en extrañas y complicadas acciones, buenas o malas: aún estando segura de que jamás podría entrar a su mundo. Junto a su hermoso cuerpo adormecido, cuántas horas nocturnas pasé en vela preguntándome por qué deseaba tanto evadirse de la realidad. Jamás hombre alguno tuvo deseo semejante. Reconocía que él —sin temer por su causa— podía llegar a ser un serio peligro para la sociedad. —¿Tal vez posee el secreto para cambiar la vida? No, no hace más que buscarlo, me contestaba yo. En fin, su caridad está hechizada y soy su prisionera. Ninguna otra alma tendría suficiente fuerza — ¡fuerza de la desesperación!— para soportarla,— para ser protegida y amada por él. Además, no podía imaginármelo con otra alma: siempre vemos nuestro Ángel, nunca el Ángel de alguien más,— creo. Yo estaba en su alma como en un palacio que se ha abandonado para no ver a nadie tan poco noble como vos: eso era todo. ¡Ay! dependía por completo de él. ¿Pero qué hubiera podido querer él de mi existencia cobarde y apagada? No me ayudaba a mejorar en lo absoluto, ¡si bien tampoco me mataba! Tristemente despechada, le dije algunas veces: «Te comprendo». Él se encogía de hombros.

«Así, al renovarse mi pena sin cesar y al encontrarme cada vez más perdida ante mis ojos —¡como ante todos los ojos que hubieran querido mirarme, si no hubiera estado para siempre condenada al olvido de todos!— tenía cada vez más y más hambre de su bondad. Con sus besos y sus abrazos cariñosos, me sentía en un cielo, un cielo sombrío, en el que entraba y en el que hubiera querido ser abandonada, pobre, sorda, muda, ciega. Ya empezaba a acostumbrarme. Y nos veía a ambos como a dos niños buenos, libres para pasearse por el Paraíso de la tristeza. Nos reconciliábamos. Muy emocionados, trabajábamos juntos. Pero después de una penetrante caricia, me decía: «Qué divertido te parecerá todo esto por lo que has pasado cuando yo ya no esté. Cuando ya no tengas mis brazos bajo tu cuello, ni mi corazón para que reposes sobre él, ni esta boca sobre tus ojos. Porque tendré que irme, muy lejos, algún día. Pues hace falta que ayude a otros: es mi deber. Aunque no sea nada agradable… querida alma mía…» De inmediato yo me imaginaba, habiendo partido él, presa del vértigo, precipitada en la más terrible sombra: la muerte. Y lo obligaba a prometerme que no me abandonaría. Veinte veces me hizo esa promesa de amante, con la misma frivolidad que yo cuando le decía: «Te comprendo».

«Ah, jamás he estado celosa por él. No creo que me vaya a abandonar. ¿Qué futuro tendría? No conoce a nadie; jamás trabajará. Quiere vivir sonámbulo. ¿Con sólo su bondad y su caridad podría obtener derechos en el mundo real? Por instantes, olvido la miseria en que he caído: él me hará fuerte, viajaremos, cazaremos en los desiertos, dormiremos sobre los adoquines de ciudades desconocidas, sin cuidados, sin penas. O yo despertaré, y las leyes y las costumbres habrán cambiado, —gracias a su mágico poder,— el mundo, aunque continúe siendo el mismo, me dejará a merced de mis deseos, de mis dichas, de mis indolencias. ¡Oh!, ¿me darás la vida de aventuras que existe en los libros para niños, como recompensa, después de haber sufrido tanto? Pero él no puede. Ignoro su ideal. Me ha dicho que tiene remordimientos, esperanzas: pero que eso no es de mi incumbencia. ¿Le hablará a Dios? Tal vez yo debiera dirigirme a Dios. Pero estoy en lo más profundo del abismo, y ya no sé rezar.

«Si él me explicara sus tristezas, ¿las comprendería mejor que sus burlas? Me ataca, pasa horas avergonzándome con todo lo que ha podido conmoverme del mundo, y se indigna si lloro.

«—¿Ves a ese elegante joven entrando a esa bella y tranquila casa? Se llama Duval, Dufour, Armando, Mauricio, ¿qué sé yo? Una mujer se ha consagrado a amar a ese malvado idiota: está muerta, y sin duda es una santa allá en el cielo ahora. Tú me harás morir así como él hizo morir a esa mujer. Es nuestro suerte, la que nos toca a los corazones caritativos…» ¡Ay! había días en que todos los hombres le parecían juguetes de delirios gortescos: y se reía espantosamente, durante mucho tiempo. —Después, recobraba sus maneras de joven madre, de hermana amada. ¡Si fuera menos salvaje, estaríamos salvados! Pero su dulzura también es mortal. En definitiva, estoy sometida a él.— ¡Ah, qué necia soy!

«Tal vez un día desaparezca maravillosamente; pero es preciso que yo lo sepa antes; si mi amiguito ha de subir a un cielo, ¡no quiero perderme su asunción!»

¡Menuda pareja!

DELIRIOS II: LA HISTORIA DE UNA DE MIS LOCURAS.

Desde hacía largo tiempo, me jactaba de poseer todos los paisajes posibles, y encontraba irrisorias las celebridades de la pintura y de la poesía moderna.

Me gustaban las pinturas idiotas, dinteles historiados, decoraciones, telas de saltimbanquis, carteles, estampas populares; la literatura anticuada, latín de iglesia, libros eróticos sin ortografía, novelas de nuestras abuelas, cuentos de hadas, libritos para niños, óperas viejas, canciones bobas, ritmos ingenuos. Soñaba con cruzadas, con viajes de descubrimientos de los que no hay relatos, con repúblicas sin historia, guerras de religión sofocadas, revoluciones de costumbres, desplazamientos de razas y de continentes: creía en todos los encantamientos.

¡Inventé el color de las vocales! —A negra, E blanca, I roja, O azul, U verde—. Reglamenté la forma y el movimiento de cada consonante y me vanagloriaba de inventar, con ritmos instintivos, un verbo poético accesible, cualquier día, a todos los sentidos. Me reservaba la traducción.

Al principio fue un estudio. Yo escribía silencios, noches, anotaba lo inexpresable. Fijaba vértigos.

Lejos de pájaros, de aldeanas, de rebaños,
¿Qué bebía, de hinojos en aquella maleza
Circundada de tiernos boscajes de avellanos,
Entre la bruma tibia y verde de la siesta?

¿Qué podía beber en ese joven río,
—¡Olmos sin voz, cielo oscuro, césped sin flor!
En gualdas cantimploras, sin mi choza querida?
Haciéndome sudar, algún áureo licor

Parecía el equívoco cartel de una taberna.
—Una tormenta borró el cielo. Al atardecer
El agua de los bosques huyó hacia arenas vírgenes,
Dios en los charcos carámbanos dejó caer.

Lloré mirando el oro —y no pude beber.

A las cuatro de la mañana, en el verano,
El sueño del amor aún se prolonga.
De la noche de fiesta, en los boscajes,
El olor se evapora.

Bajo del sol de las Hespérides,
Lejos, en su vasto astillero,
En mangas de camisa agítanse
Los Carpinteros.

En sus Desiertos de musgo, tranquilos,
Preparan los artesones dorados,
En los que la ciudad
Pintará cielos falsos.

Oh, por esos Obreros admirables,
Súbditos de algún rey de Babilonia,
¡Venus! deja un instante los Amantes
Cuya alma lleva tu corona.

Oh Reina de Pastores,
Ofrece a los trabajadores el licor de alegría,
Que apacigüe sus fuerzas,
En espera del baño de mar a mediodía.

Las vejeces poéticas eran buena parte de mi alquimia del
verbo.

Me acostumbré a la alucinación simple: veía muy claramente
una mezquita en lugar de una fábrica, una escuela de
tambores instalada por los ángeles, calesas en las rutas del
cielo, un salón en el fondo de un lago; monstruos, misterios;
un título de sainete erigía espantos delante de mí.

¡Después explicaba mis sofismas mágicos con la alucinación
de las palabras!

Acabé por encontrar sagrado el desorden de mi espíritu.
Permanecía ocioso, presa de una pesada fiebre: envidiaba la
felicidad de los animales; las orugas, que representan la
inocencia de los limbos; los topos, el sueño de la virginidad.

Se me agriaba el carácter. Decía adiós al mundo con unas
especies de romances:

CANCIÓN DE LA MÁS ALTA TORRE

Que llegue, que llegue,
El tiempo en que se quiere.

Tanta paciencia tuve
Que todo lo he olvidado.
Temores y dolores
Al cielo se han volado. Y la malsana sed
Mis venas ha nublado.

Que llegue, que llegue,
El tiempo en que se quiere.

Tal como la pradera Entregada al olvido,
En que incienso y cizañas
Creciendo han florecido,
Bajo las sucias moscas
Y su feroz zumbido.

Que llegue, que llegue,
El tiempo en que se quiere.

Yo amaba el desierto, los vergeles quemados, las tiendas
marchitas, las bebidas tibias. Me arrastraba por las callejas
hediondas y con los ojos cerrados, me ofrecía al sol, dios de
fuego.

«General, si queda un viejo cañón sobre tus murallas
derruidas, bombardéanos con bloques de tierra seca.
¡Bombardea los espejos de los almacenes espléndidos!
¡Bombardea los salones! Haz tragar su polvo a la ciudad.
Oxida las gárgolas. Llena los tocadores de briznas de rubí
quemante …»

¡Oh! el moscardón embriagado en el mingitorio de la posada,
enamorado de la borraja y al que disuelve un rayo de luz.

HAMBRE

Si tengo apetito es sólo
De la tierra y de las piedras.
Yo almuerzo siempre con aire,
Hierro, carbones y peñas.

Hambres mías, girad. Hambres, cruzad
El prado de sonidos.
Atraed el veneno alegre
De los lirios.

Comed los cascotes rotos,
Piedras de viejas iglesias,
Guijas de antiguos diluvios,
Panes sueltos en grises glebas.

El lobo aullaba entre el follaje,
Las bellas plumas escupiendo
De su comida de volátiles:
Como él me estoy consumiendo.

Las ensaladas, las frutas,
Sólo esperan la cosecha;
Pero la araña del seto
No come más que violetas.

¡Que yo duerma! Que borbotee
En los altares de Salomón.
El hervor corre por la herrumbre,
Y se mezcla con el Cedrón.

Por fin, oh felicidad, oh razón, aparté del cielo el azur, que es
negro, y viví, chispa de oro de la luz naturaleza. En mi
alegría, adopté la expresión más bufonesca y extraviada que
pueda concebirse:

¡Ha sido encontrada!
—¿Qué?— La eternidad.
Es, al sol mezclada,
La mar.

Alma mía eterna,
A tu voto haz honor,
Pese a la noche sola,
Y del día al fulgor.

¡Tú te liberas, pues,
De humanos formularios,
De impulsos ordinarios!
Y vuelas al través…

—Jamás ya la esperanza.
No hay orietur, te juro.
La ciencia y la paciencia,
El suplicio es seguro.

Ni un mañana queda,
Oh brasas de seda,
Vuestro arder
Es el deber.

Ha sido encontrada!
—¿Qué?— La Eternidad.
Es, al sol mezclada,
La mar.

Me convertí en una ópera fabulosa: vi que todos los seres
tienen una fatalidad de dicha: la acción no es la vida, sino
una manera de estropear cualquier fuerza, un enervamiento.
La moral es una flaqueza del cerebro.

Me parecía que a cada ser le eran debidas otras vidas. Ese
señor no sabe lo que hace: es un ángel. Esta familia es una
camada de perros. Ante muchos hombres, hablaba yo en voz
alta con un momento de alguna de sus otras vidas. De ese
modo, amé a un puerco.

Ninguno de los sofismas de la locura —de la locura a la que
se encierra—, fue olvidado por mí; podría repetirlos a todos;
tengo el sistema.

Mi salud se vio amenazada. Me invadía el terror. Caía en
sopores de varios días, y una vez levantado, continuaba con
los sueños más tristes. Estaba maduro para la muerte, y por

una ruta de peligros, mi debilidad me conducía hacia los confines del mundo y de la Cimeria, patria de la sombra y los torbellinos.

Tuve que viajar, para distraer los hechizos reunidos en mi cerebro. Sobre el mar, que amaba como si hubiera tenido que lavarme de una mácula, veía yo alzarse la Cruz consoladora. Había sido condenado por el arco iris. La Dicha era mi fatalidad, mi remordimiento, mi gusano: mi vida sería siempre demasiado inmensa para consagrarla a la belleza y a la fuerza.

¡La Dicha! Sus dientes, suaves para la muerte, me advertían al cantar el gallo —ad matutinum, al Christus venit—, en las ciudades más sombrías:

¡Oh castillos, oh estaciones!
¿Qué alma no tiene reproche?

Estudié el mágico enigma
De la ineludible dicha.

Saludemos su regalo,
Cuando canta el gallo galo.
Ya no tendré más envidia:
Se ha encargado de mi vida.

Su hechizo el alma y el cuerpo
Cogió, y dispersó el esfuerzo.

¡Oh castillos, oh estaciones!
La hora de su fuga, ¡oh suerte!
Será la hora de la muerte

¡Oh castillos, oh estaciones!

Todo eso ha pasado. Hoy, sé saludar la belleza.

EL RELÁMPAGO

El trabajo humano es la explosión que ilumina mi abismo de cuando en cuando!

«Nada es vanidad; en marcha hacia la ciencia, ¡y adelante!» grita el Eclesiastés moderno, lo que quiere decir Todo el mundo. Y sin embargo los cadáveres de los malvados y de los vagos caen sobre el corazón de los otros… ¡Ah, rápido, un poco más rápido!; allá, más allá de la noche, esas recompensas futuras, eternas… ¿podremos esquivarlas…?

—¿Qué puedo hacer yo? Conozco el trabajo; y la ciencia es demasiado lenta. Que la plegaria galope y que la luz retumbe… me parece bien. Es demasiado sencillo, y hace demasiado calor; de seguro continuarán sin mí. Yo tengo mi deber y me enorgulleceré del mismo modo que muchos, dejándolo de lado.

Mi vida está gastada. ¡Vamos! ¡Finjamos, vaguemos, oh piedad! Y existiremos divirtiéndonos, soñando con amores monstruosos y universos fantásticos, quejándonos y reclamando las apariencias del mundo, saltimbanqui, mendigo, artista, bandido,— ¡sacerdote! En mi cama de hospital, el intenso olor del incienso me ha vuelto a envolver; guardián de los aromas sagrados, confesor, mártir…

Reconozco en esto la sucia educación de mi infancia. ¡Y qué!… Vivir mis veinte años porque los otros viven sus veinte años…

¡No! ¡No! ¡Desde ahora me rebelo contra la muerte! El trabajo le parece demasiado ligero a mi orgullo: mi traición al mundo sería un suplicio demasiado corto. En el último momento, atacaría a diestra y siniestra…

Entonces, —¡oh, pobre alma querida!—, ¡tal vez aún no hayamos perdido la eternidad!

LA MALA SANGRE

De mis antepasados galos, tengo los ojos azul pálido, el cerebro pobre y la torpeza en la lucha. Me parece que mi vestimenta es tan bárbara como la de ellos. Pero yo no me unto de grasa la cabellera.

Los galos fueron los desolladores de animales, los quemadores de hierbas más ineptos de su época.

Les debo: la idolatría y la afición al sacrilegio; ¡oh! todos los vicios, cólera, lujuria, la lujuria, magnífica; sobre todo, mentira y pereza.

Siento horror por todos los oficios. Maestros obreros, todos campesinos, innobles. La mano en la pluma equivale a la mano en el arado. —¡Qué siglo de manos!— Yo jamás tendré una mano. Además, la domesticidad lleva demasiado lejos. La honradez de la mendicidad me desespera. Los criminales asquean como castrados: yo, por mi parte, estoy— intacto y eso me da lo mismo.

¡Pero!, ¿qué es lo que ha dotado a mi lengua de tal perfidia, para que hasta aquí haya guardado y protegido mi pereza? Sin ni siquiera servirme de mi cuerpo para vivir y más ocioso que el sapo, he subsistido dondequiera. No hay familia en Europa a la que no conozca. —Hablo de familias como la mía, que todo se lo deben a la Declaración de los Derechos del Hombre—. ¡He conocido cada hijo de familia!

¡Si yo tuviera antecedentes en un punto cualquiera de la historia de Francia!

Pero no, nada.

Me resulta bien evidente que siempre he sido de raza inferior. Yo no puedo comprender la rebelión. Mi raza no se levantó jamás sino para robar: así los lobos al animal que no mataron.

Rememoro la historia de Francia, hija mayor de la Iglesia. Villano, hubiera yo emprendido el viaje a Tierra Santa; tengo en la cabeza rutas de las llanuras suabas, panoramas de Bizancio, murallas de Solima, el culto de María, el enternecimiento por el Crucificado, despiertan en mí entre mil fantasías profanas. Estoy sentado, leproso, sobre ortigas y tiestos rotos, al pie de un muro roído por el sol. Más tarde, reitre, hubiera vivaqueado bajo las noches de Alemania.

Ah, falta aún: danzo en el aquelarre, en un rojo calvero, con niños y con viejas.

Mis recuerdos no van más lejos que esta tierra y que el cristianismo. Nunca acabaré de verme en ese pasado.

Pero siempre solo; sin familia; hasta esto, ¿qué lengua hablaba? Jamás me veo en los consejos del Cristo; ni en los consejos de los Señores, representantes del Cristo.

¿Qué era yo en el siglo pasado? Sólo hoy vuelvo a encontrarme. No más vagabundos, no más guerras vagas. La raza inferior lo ha cubierto todo —el pueblo, como dicen—; la razón, la nación y la ciencia. ¡Oh, la ciencia! Todo se ha hecho de nuevo. Para el cuerpo y para el alma —el viático— tenemos la medicina y la filosofía—los remedios de comadres y los arreglos de canciones populares. ¡Y las diversiones de los príncipes y los juegos que ellos prohibían! ¡Geografía, cosmografía, mecánica, química! …

¡La ciencia, la nueva nobleza! El progreso. ¡El mundo marcha! ¿Por qué no había de girar?

Es la visión de los números. Vamos al Espíritu. Esto es muy cierto, es oráculo esto que digo. Lo comprendo, pero como no sé explicarme sin palabras paganas, querría callar.

La sangre pagana renace. El Espíritu está cerca, ¿por qué no me ayuda Cristo dando a mi alma nobleza y libertad? ¡Ay, el Evangelio ha fenecido! ¡El Evangelio! El Evangelio.

Yo espero a Dios con gula. Soy de raza inferior por toda la eternidad.

Heme aquí en la playa armoricana. Ya pueden iluminarse de noche las ciudades. Mi jornada ha concluido; dejo la Europa. El aire marino quemará mis pulmones; me tostarán los climas remotos. Nadar, aplastar la hierba, cazar, fumar sobre todo; beber licores fuertes como metal fundido –como hacían esos caros antepasados en torno de las hogueras.

Regresaré con miembros de hierro, la piel oscura, los ojos furiosos: de acuerdo a mi máscara, me juzgarán de raza fuerte. Tendré oro: seré ocioso y. brutal. Las mujeres cuidan a esos inválidos feroces que retornan de las tierras calientes. Me inmiscuiré en los asuntos políticos. Salvado.

Ahora estoy maldito, tengo horror de la patria. Lo mejor es un sueño bien ebrio, sobre la playa.

No hay tal partida. Retomemos los caminos de aquí, cargado con mi vicio, el vicio que ha hundido sus raíces de sufrimiento en mi flanco desde la edad de la razón, que sube al cielo, me golpea, me derriba, me arrastra.

La última timidez y la última inocencia. Está dicho. No mostrar al mundo mis ascos y mis traiciones. ¡Vamos! La caminata, el fardo, el desierto, el hastío y la cólera.

¿A quién alquilarme? ¿Qué bestia hay que adorar? ¿Qué santa imagen atacamos? ¿Qué corazones romperé? ¿Qué mentira debo sostener? ¿Entre qué sangre caminar?

Mas vale guardarse de la justicia. La vida dura, el simple embrutecimiento, levantar, con el puño seco, la tapa del ataúd, sentarse, sofocarse. Así, nada de vejez, ni de peligros: el terror no es francés.

—¡Ah! estoy tan desamparado, que ofrezco a cualquier divina imagen mis ímpetus de perfección.

¡Oh mi abnegación, oh mi caridad maravillosa! ¡Aquí abajo, no obstante!

De profundis Domine, ¡si seré tonto!

Muy niño aún, admiraba yo al galeote intratable sobre el que siempre vuelve a cerrarse la prisión; visitaba las posadas y los albergues que él hubiera consagrado habitándolos; veía a través de su idea el cielo azul y el florido trabajo de los campos; husmeaba su fatalidad en las ciudades. Y él tenía más fuerza que un santo, más sentido común que un viajante)—y sólo se tenía a sí, ¡a sí mismo! como testigo de su razón y de su gloria.

En las rutas, durante las noches de invierno, sin techo, sin ropas, sin pan, una voz me estrujaba el corazón helado: "Flaqueza o fuerza: ya está, es la fuerza. Tú no sabes adónde vas, ni por qué vas, entra en todas partes, responde a todo. No han de matarte más que si ya fueras un cadáver". A la mañana, tenía la mirada tan perdida y tan muerto el semblante que los que se encontraban conmigo acaso no me vieron.

En las ciudades, el barro se me aparecía de pronto rojo y negro, como un espejo cuando la lámpara circula en la pieza vecina, ¡como un tesoro en la selva! Buena suerte, gritaba yo, y veía en el cielo un mar de humo y de llamas; y a derecha, y, a izquierda, todas las riquezas ardían como un millar de rayos.

Pero la orgía y la camaradería de las mujeres me estaban prohibidas. Ni siquiera un compañero. Yo me veía ante una muchedumbre exasperada, frente al pelotón de ejecución, llorando la desgracia de que no hubieran podido comprender, ¡y perdonando! ¡Como Juana de Arco! "Sacerdotes, profesores, maestros, os equivocáis al entregarme a la justicia. Jamás he pertenecido a este pueblo; yo no he sido jamás cristiano; yo soy de la raza que cantaba en el suplicio; no comprendo las leyes; no tengo sentido moral, soy una bestia: os estáis equivocando …"

Sí, tengo los ojos cerrados a vuestra luz. Yo soy un animal, un negro. Pero yo puedo ser salvado. Vosotros sois falsos negros, vosotros maniáticos, feroces, avaros. Mercader, tú eres negro; magistrado, tú eres negro; general, tú eres negro; emperador, vieja comezón, tú eres negro: tú has bebido un licor no tasado, de la fábrica de Satán. Este pueblo está inspirado por la fiebre y el cáncer. Inválidos y viejos son tan respetables, que merecen ser hervidos. Lo más discreto es abandonar este continente, donde ronda la locura para proveer de rehenes a esos miserables. Entro en el verdadero reino de los hijos de Cam.

¿Conozco al menos la naturaleza? ¿Me conozco? Basta de palabras. Sepulto a los muertos en mi vientre. ¡Gritos, tambor, danza, danza, danza, danza! Ni siquiera se me ocurre que a la hora en que los blancos desembarquen, yo caeré en la nada.

¡Hambre, sed, gritos, danza, danza, danza, danza!

Los blancos desembarcan. ¡El cañón! Hay que someterse al bautismo, vestirse, trabajar.

He recibido en el corazón el rayo de la gracia. ¡Ah, no lo había previsto!

No he cometido mal alguno. Los días me van a ser ligeros, me será ahorrado el arrepentimiento. No habré padecido los tormentos del alma casi muerta para el bien, en la que vuelve a subir la luz, severa como los cirios funerarios. La suerte del hijo de familia, féretro prematuro cubierto de límpidas lágrimas. No hay duda de que el libertinaje es tonto, el vicio es tonto; hay que arrojar lejos la podredumbre. ¡Pero el reloj no habrá llegado a sonar solamente la hora del puro dolor! ¿Voy a ser arrebatado como un niño para jugar en el paraíso olvidado de toda la desgracia?

¡Pronto! ¿Hay otras vidas? El sueño en medio de la riqueza es imposible. La riqueza siempre ha sido bien público. Sólo el amor divino otorga las llaves de la ciencia. Veo que la naturaleza no es más que un espectáculo de bondad. Adiós quimeras, ideales, errores.

El canto razonable de los ángeles se alza desde el navío salvador: es el amor divino. ¡Dos amores! Puedo morir de amor terreno, morir de abnegación. ¡Yo he dejado almas cuya pena se acrecentará con mi partida! Vos me elegisteis de entre los náufragos; ¿no son amigos míos los que quedan?

¡Salvadlos!

Me nació la razón. El mundo es bueno. Bendeciré la vida. Amaré a mis hermanos. Estas no son ya promesas infantiles. Ni la esperanza de escapar a la vejez y a la muerte. Dios es mi fuerza y yo alabo a Dios.

El hastío ha dejado de ser mi amor. Las cóleras, los libertinajes, la locura —cuyos impulsos y desastres conozco, todo mi fardo está en el suelo. Apreciemos sin vértigo la extensión de mi inocencia. Ya no sería capaz de pedir la confortación de un apaleo. No me creo embarcado para unas bodas, con Jesucristo por suegro.

No soy prisionero de mi razón. He dicho: Dios. Quiero la libertad en la salvación: ¿cómo alcanzarla? Me abandonaron las aficiones frívolas. Ya no necesito la abnegación ni el amor divino. No echo de menos el siglo de los corazones sensibles. Cada cual tiene su razón, desprecio y caridad: retengo mi sitio en la cúspide de esta angélica escala de buen sentido.

En cuanto a la felicidad establecida, doméstica o no… no, no puedo. Estoy demasiado disperso, demasiado débil. La vida florece por el trabajo, vieja verdad: en cuanto a mí, mi vida no es suficientemente pesada, vuela y flota lejos por encima de la acción, ese caro lugar del mundo.

¡Cómo me vuelvo solterona, lo que me falta el coraje de amar la muerte!

Si Dios me concediera la calma celeste, aérea, la plegaria, como a los antiguos santos. ¡Los santos! ¡qué fuertes! Los anacoretas, ¡artistas como ya no los hay!

¡Farsa continua! Mi inocencia me da ganas de llorar. La vida es la farsa en la que todos figuramos.

¡Basta! He aquí el castigo. ¡En marcha!

¡Ah, los pulmones arden, las sienes zumban! ¡La noche rueda por mis ojos, con todo este sol! El corazón … los miembros …

Adónde vamos? ¿Al combate? ¡Yo soy débil! Los otros avanzan. Las herramientas, las armas… ¡el tiempo!…

¡Fuego! ¡Fuego sobre mí! ¡Aquí! O me rindo. ;Cobardes! ¡Yo me mato! ¡Yo me tiro alas patas de los caballos!

¡Ah! …

—Ya me acostumbraré.

¡Eso sería la vida francesa, el sendero del honor!

LO IMPOSIBLE

¡Ah! Aquella vida de mi infancia, la gran ruta a través de todos los tiempos, sobrenaturalmente sobrio, más desinteresado que el mejor de los mendigos, orgulloso de no tener ni país ni amigos, qué estupidez más grande. —¡Y sólo ahora me doy cuenta!

—Tuve razón al despreciar a esos hombres simplones que no perderían la ocación de una caricia, parásitos de la limpieza y de la salud de nuestras mujeres, hoy en día que ellas coinciden tan poco con nosotros.

Tuve razón en todos mis desdenes: ¡y es obvio al ver que me evado!

¡Me evado!

Me explico.

Ayer todavía suspiraba: «¡Cielos! ¡Somos demasiados condenados aquí abajo! ¡Ya he estado tanto tiempo en esta tropa! Los conozco a todos. Nos reconocemos siempre; y nos damos asco. La caridad nos es desconocida. Pero somos corteses; nuestras relaciones con el mundo son en extremo adecuadas.» ¿Acaso esto es para sorprenderse? ¡El mundo! ¡Los comerciantes, los ingenuos!— No estamos deshonrados.— ¿Pero cómo nos recibirían los elegidos? Ahora bien, hay gente hosca y alegre, falsos elegidos, puesto que nos falta audacia y humildad para abordarlos. Esos son los únicos elegidos. ¡Aunque no están aquí para andar bendiciendo!

Habiendo recobrado dos céntimos de razón —¡que se acaban rápido!— veo que mis dolencias nacen por no haber notado lo suficientemente pronto que estamos en Occidente. ¡Los pantanos occidentales! No es que vea la luz alterada, con forma extenuada, con movimiento desviado… ¡En fin! Lo que pasa es que mi espíritu quiere asumir absolutamente todos los desarrollos crueles que ha sufrido el espíritu desde el fin de Oriente… ¡Eso es lo que mi espíritu quiere!

… ¡Mis dos céntimos de razón se acabaron!— El espíritu es la autoridad, y quiere que yo esté en Occidente. Hará falta callarlo para concluir como yo quería.

Enviaba al diablo las palmas de los mártires, los resplandores del arte, el orgullo de los inventores, el ardor de los ladrones; regresaba a Oriente y a la sabiduría primera y eterna.— ¡Al parecer todo fue un sueño producto de mi desbordante pereza!

Sin embargo, nunca pensé en el placer de escapar a los sufrimientos modernos. No tenía en mente la sabiduría bastarda del Corán.— ¡Pero acaso no hay un suplicio real en el hecho de que, desde la declaración de la ciencia, el cristianismo, el hombre se engañe, se demuestre evidencias, se hinche de placer al repetirse sus demostraciones, y no viva más que así! Sutil tortura; fuente de mis divagaciones espirituales. ¡La naturaleza quizá podría aburrirse! El señor Prudhomme nació junto con Cristo.

¡No es acaso porque cultivamos la bruma! Devoramos este delirio junto con nuestras húmedas legumbres. ¡Y con la ebriedad! ¡Y el tabaco! ¡Y la ignorancia! ¡Y las abnegaciones!— ¿No está todo eso demasiado alejado del pensamiento de la sabiduría de Oriente, nuestra patria primitiva? ¡Para qué un mundo moderno, si se inventan semejantes venenos!

Las personas de la Iglesia dirán: Comprendemos. Pero usted se refiere al Edén. No hay ninguna relación con la historia de los pueblos orientales.— ¡Es verdad; pensaba en el Edén! ¡Qué tiene que ver con mi sueño esa pureza de las razas antiguas!

Los filósofos: El mundo no tiene edad. La humanidad simplemente se desplaza. Usted está en Occidente, pero es libre de habitar en su Oriente, tan antiguo como le haga falta,— y habitar ahí a sus anchas. No sea un perdedor. Filósofos, ustedes viven en su Occidente.

Espíritu mío, estate atento. Nada de medios de salvación violentos. ¡Ejercítate!— ¡Ah! ¡La ciencia no avanza lo suficientemente rápido para nosotros!

—Pero percibo que mi espíritu duerme.

Si se despertara siempre bien a partir de ahora, pronto estaríamos en la verdad, ¡que tal vez nos rodea con sus ángeles llorando!… —Si hubiera estado despierto hasta ahora, ¡yo no habría cedido a los instintos deletéreos en una época inmemorial!… —Si siempre hubiera estado bien despierto, ¡yo bogaría en pura sabiduría!…

¡Oh, pureza! ¡Pureza!

¡Es este minuto de vigilia el que me ha dado la visión de la pureza!— ¡Por medio del espíritu se llega a Dios!

¡Desgarrador infortunio!

MAÑANA

No tuve acaso una vez una juventud amable, heroica, fabulosa, digna de escribirse en hojas de oro? —¡Demasiada suerte! ¿Por culpa de qué crimen, de qué error, me hice merecedor a mi debilidad actual? Vosotros que sostenéis que las bestias sollozan de pena, que los enfermos desesperan, que los muertos tienen pesadillas, intentad relatar mi sopor y mi caída. Porque en cuanto a mí, yo ya no puedo expresarme más que como el mendigo con sus continuos *Pater* y *Ave María*. ¡Ya ni siquiera sé hablar!

No obstante, hoy por fin, creo haber terminado la narración de mi infierno. Era sin duda el infierno; el antiguo, aquel donde el hijo del hombre abrió las puertas.

Desde el mismo desierto, en la misma noche, siempre mis ojos cansados se despiertan a la estrella de plata, sin que se conmuevan los Reyes de la vida, los tres magos, el corazón, el alma, el espíritu. ¿Cuándo iremos, más allá de las playas y los montes, a saludar el nacimiento del nuevo trabajo, de la nueva sabiduría, la huida de los tiranos y de los demonios, el fin de la superstición, a adorar —¡los primeros!— la Navidad sobre la tierra?

¡El canto de los cielos, la marcha de los pueblos! Esclavos, no maldigamos la vida.

NOCHE DEL INFIERNO

Me tragué un magnífico sorbo de veneno.— ¡Bendito sea tres veces el consejo que me dieron!— Las entrañas me queman. La violencia del veneno retuerce mis extremidades, me deforma, me tumba contra el suelo. Muero de sed, me sofoco, y no puedo gritar. ¡Es el infierno, el castigo eterno! ¡Miren cómo el fuego se aviva! Ardo como corresponde. ¡Continúa, demonio!

Pude entrever la conversión al bien y a la felicidad, la salvación. ¡Cómo describir la visión cuando el aire del infierno no permite himnos! Eran millones de criaturas encantadoras, un suave concierto espiritual, la fuerza y la paz, las nobles ambiciones, ¿qué sé yo?

¡Las nobles ambiciones!

¡Y aún sigo con vida!— ¡Pero la condena es eterna! Un hombre que quiere mutilarse está completamente condenado, ¿verdad? Yo me creo en el infierno, luego estoy en él. Es la ejecución del catecismo. Soy esclavo de mi bautismo. Padres, ustedes provocaron mi desdicha y también la suya. ¡Pobre inocente!— El infierno no puede herir a los paganos.— ¡Y aún sigo con vida! Más tarde, las delicias de la condena serán más profundas. Un crimen, rápido, para que la ley humana me lance al vacío.

¡Pero cállate, cállate ya!… Son la vergüenza y el reproche los que habitan aquí: Satán que dice que el fuego es innoble, que mi rabia es espantosamente tonta. —¡Suficiente!… Errores que me murmuran, magias, perfumes falsos, músicas pueriles.— Y decir que tengo la verdad, que veo la justicia: tengo un juicio sano y firme, estoy cerca de la perfección… Es sólo orgullo.— La piel de mi cabeza se reseca. ¡Piedad! Señor, tengo miedo, tengo sed, ¡tanta sed! Ah, la infancia, la hierba, la lluvia, el lago sobre las piedras, el claro de luna cuando el campanario resonaba dulcemente… El diablo está en el campanario a esa hora. ¡María! ¡Santa virgen!…— Horror de mi bestialidad.

Esas de allá no son acaso almas honestas que me desean el bien… Vengan… Una almohada me cubre la boca, no me escuchan, son sólo fantasmas. Además, nadie piensa en su prójimo. Que nadie se acerque. Huelo carne quemada, eso es seguro.

Las alucinaciones son innumerables. Es desde luego la historia de mi vida: nada de fé en la historia, olvido de los principios. Lo callaré: poetas y visionarios se pondrían celosos. Dado que soy mil veces más adinerado, seamos avaros como el mar.

¡Pero vean! El reloj de la vida se detuvo justo ahora. Ya no estoy en el mundo.— La teología es seria, el infierno está ciertamente abajo— y el cielo arriba.— Éxtasis, pesadilla, sueño en un nido de fuego.

Cuántas malicias se muestran en el campo… Satán Ferdinand, corre con las semillas de las malezas… Jesús camina sobre las zarzas purpúreas, sin doblarlas… Jesús caminaba sobre las aguas agitadas. El farol nos lo muestra de pie, blanco y de trenzas castañas, en el flanco de una ola de esmeralda…

Voy a desvelar todos los misterios: misterios religiosos o naturales, muerte, nacimiento, futuro, pasado, cosmogonía, nada. Soy maestro en fantasmagorías.

¡Escuchen!…

¡Tengo todos los talentos!— No hay nadie aquí y al mismo tiempo hay alguien: jamás querría desparramar mi tesoro.— ¿Quieren cantos negros, danzas de ninfas? ¿Quieren que yo desaparezca, que me zambulla en la búsqueda del anillo? ¿Lo quieren? Fabricaré oro, medicamentos.

Así que confíen en mí, la fe mitiga, guía, cura. Todos, vengan,— hasta los niños,— que yo los consolaré, para derramar sobre ustedes su corazón,— ¡el corazón maravilloso!— ¡Pobres hombres trabajadores! Yo no les pido plegarias; tan sólo con su confianza, yo estaré feliz.

—Y pensemos en mí. Esto no me hace extrañar el mundo. Tengo la suerte de no sufrir más. Mi vida no fue más que dulces locuras, es bien lamentable.

¡Bah! Hagamos todas las muecas imaginables.

Decididamente, estamos lejos del mundo. No hay más sonidos. Mi tacto ha desaparecido. ¡Ah! Mi castillo, mi Sajonia, mi bosque de sauces. Las tardes, las mañanas, las noches, los días… ¡Pero qué fatigado estoy!

Debería tener mi infierno por la rabia, mi infierno por el orgullo,— y el infierno de la caricia; un concierto de infiernos.

Muero de cansancio. Es la tumba, voy hacia los gusanos, ¡horror de los horrores! Satán, farsante, tú quieres disolverme con tus encantos. ¡Yo reclamo! Reclamo un golpe de tridente, una gota de fuego.

¡Ah, remontar a la vida! Echarle un ojo a nuestras deformidades. ¡Y ese veneno, ese beso mil veces maldito! ¡Mi debilidad, la crueldad del mundo! ¡Mi dios, piedad, escóndeme, me siento demasiado mal!— Estoy escondido y al mismo tiempo no lo estoy.

Es el fuego que se reaviva con su condenado.

YUGURTA

I

Ha nacido en las colinas de Arabia un niño enorme, y el aura
leve ha dicho:
«¡Éste es el nieto de Yugurta!…»

Hacía poco tiempo que había desaparecido por los aires
aquel que pronto sería para la patria y para el pueblo árabe
Yugurta,
cuando una sombra apareció sobre el niño, ante la mirada
atónita de los padres
—la sombra de Yugurta,
narrando su vida y profiriendo este oráculo:
«¡Oh patria mía! ¡oh tierra defendida por mis trabajos!…»
e, interrumpida momentáneamente por el céfiro, se calló un
momento…
«Roma, impura morada antaño de numerosos ladrones,
rompió, malvada, sus muros angostos y se expandió por sus
alrededores, encadenando los contornos vecinos:
abrazó con lazos apretados el orbe y lo hizo suyo.
Muchos pueblos no quisieron rechazar el yugo fatal;
y los que cogieron las armas derramaban su sangre a porfía,
pero sin resultados para la libertad de su patria.
Más grande que los obstáculos, Roma destrozaba pueblos,
cuando no se aliaba con sus ciudades.

Ha nacido en las colinas de Arabia un niño enorme, y el aura
ligera ha dicho: «Éste es el nieto de Yugurta…»

«Yo mismo creí que este pueblo tenía sentimientos
generosos,
pero cuando fui mayor y pude ver esta nación de cerca,
¡una gran herida apareció bajo su enorme pecho!…

—¡un veneno siniestro se había diluido por sus miembros: la
sed fatal del oro!
Toda ella estaba levantada en armas…
¡Y esta ciudad meretriz reinaba sobre el orbe entero!
Contra esta reina, contra Roma, decidí luchar,
despreciando el pueblo al que toda la tierra obedece!…»

Ha nacido en las colinas de Arabia un niño enorme, y el aura ligera ha dicho: «¡Éste es el nieto de Yugurta!…»

«Pues, cuando Roma decidió inmiscuirse en los consejos de Yugurta,
para apoderarse, de manera imperceptible y con engaños, de mi patria,
tomé conciencia de las cadenas amenazantes y decidí enfrentarme a Roma,
¡experimentando los profundos dolores de un corazón angustiado!
¡Oh pueblo sublime!, ¡mis guerreros!, ¡muchedumbre santa!
Y aquélla, la reina arrogante, gloria del orbe, aquélla, se derrumbó —se derrumbó, embriagada por mis dones.
¡Cómo nos hemos reído, nosotros, Númidas, con la ciudad de Roma!
El bárbaro Yugurta estaba en todas las bocas:
¡Nadie podía oponerse a los Númidas!…

Ha nacido en las colinas de Arabia un niño enorme, y el aura ligera ha dicho: «¡Éste es el nieto de Yugurta…!»
¡Ése soy yo, el Númida, llamado a adentrarme, con valor, en el territorio de los Romanos, hasta la Ciudad!
Asenté un golpe en su orgullosa frente, despreciando sus tropas mercenarias.
Y este pueblo se levantó en armas, durante tanto tiempo olvidadas:
yo no he dejado la espada: no tenía ninguna esperanza de triunfar… ¡pero al menos podía competir con Roma!
Opuse ríos, opuse rocas a los batallones de Rómulo:
ora luchan por las arenas de Libia,
ora combaten por los castros altísimos de las cumbres:
a veces tiñen con su sangre derramada mis campiñas;
¡y se quedan desconcertados ante un enemigo tenaz que desconocen…!»

Ha nacido en las colinas de Arabia un niño enorme, y el aura ligera dice: «¡Éste es el nieto de Yugurta!…»

«Tal vez hubiera vencido, al fin, a los escuadrones enemi¬gos…

Mas, la perfidia de Bocchio… —¿Para qué revolver más el asunto?
Contento, abandoné la patria y el poder del reino,
contento, por haberle aplicado a Roma el golpe del rebelde.
Pero he aquí que aparece un nuevo vencedor del campea¬dor de los Arabes, ¡Galia
Galia! …
Tú, hijo mío, si infringes el destino cruel, tú serás el vengador de la Patria…
¡Pueblos subyugados, tomad las armas!…
¡Que en vuestros pechos dominados renazca el valor primitivo!
¡Blandid de nuevo las espadas y, acordándoos de Yugurta, repeled a los vencedores!
¡Ofreced vuestra sangre derramada a la patria!
¡Que emerjan en medio de la guerra los leones de Arabia, desgarrando con sus dientes vengadores a las huestes enemigas!
¡Y tú, crece, niño! ¡Favorezca la fortuna tus trabajos
y que el Galo no deshonre ya las costas árabes!…»

—¡Y el niño jugaba con su corva espada!…

II

¡Napoleón! … ¡Oh, Napoleón!… El nuevo Yugurta ha sido vencido…
Vencido, languidece en una indigna cárcel.
Y he aquí que Yugurta se le aparece de nuevo, en la sombra, al guerrero
y con su plácida boca susurra estas palabras:
«¡Ríndete, tú, hijo mío, al nuevo Dios. Que ya no existan más disputas!
Ahora nace una era mejor…
La Galia va a romper tus cadenas y verás la prosperidad del Árabe, alegre, bajo el Galo vencedor.
Acepta la alianza de un pueblo generoso…— grande, de pronto, gracias a un país inmenso,
sacerdote y jurado de la Justicia….

Ama de corazón a tu abuelo Yugurta… acuérdate siempre de su destino:

III

¡Pues es el genio de las orillas árabes el que se te aparece!…»

POESÍA

A LA MÚSICA

A la plaza que un césped dibuja, ralo y pobre,
y donde todo está correcto, flores, árboles,
los burgueses jadeantes, que ahogan los calores,
traen todos los jueves, de noche, su estulticia.

—La banda militar, en medio del jardín,
con el *Vals de los pífanos* el chacó balancea:
—Se exhibe el lechuguino en las primeras filas
y el notario es tan sólo los dijes que le cuelgan.

Rentistas con monóculo subrayan los errores:
burócratas henchidos arrastran a sus damas
a cuyo lado corren, fieles como comacas,
—mujeres con volantes que parecen anuncios.

Sentados en los bancos, tenderos retirados,
a la par que la arena con su bastón atizan,
con mucha dignidad discuten los tratados,
aspiran rapé en plata, y siguen: «¡Pues, decíamos!…»

Aplastando en su banco un lomo orondo y fofo,
un burgués con botones de plata y panza nórdica
saborea su pipa, de la que cae una hebra
de tabaco; —Ya saben, lo compro de estraperlo.

Y por el césped verde se ríen los golfantes,
mientras, enamorados por el son del trombón,
ingenuos, los turutas, husmeando una rosa
acarician al niño pensando en la niñera…

Yo sigo, hecho un desastre, igual que un estudiante,
bajo el castaño de indias, a las alegres chicas:
lo saben y se vuelven, riéndose, hacia mí,
con los ojos cuajados de ideas indiscretas.

Yo no digo ni *mu*, pero miro la carne
de sus cuellos bordados, blancos, por bucles locos:
y persigo la curva, bajo el justillo leve,
de una espalda de diosa, tras el arco del hombro.

Pronto, como un lebrel, acecho botas, medias…
—Reconstruyo los cuerpos y ardo en fiebres hermosas.
Ellas me encuentran raro y van cuchicheando…
—Mis deseos brutales se enganchan a sus labios…

ACASO NO IMAGINAS

¿Acaso no imaginas por qué de amor me muero?
La flor me dice: ¡Hola! ¡Buenos días!, el ave.
Llegó la primavera, la dulzura del ángel.
¡No adivinas acaso por qué de embriaguez hiervo!
Dulce ángel de mi cuna, ángel de mi abuelita,
¿No adivinas acaso que me transformo en ave
que mi lira palpita y que mis alas baten
como una golondrina?

ARRIATES DE AMARANTOS HASTA

Arriates de amarantos hasta
el agradable palacio de Júpiter.
– ¡Sé que eres Tú, quien por aquí,
mezclas tu Azul, casi sahariano!

Luego, cual rosas y abetos solares
y lianas que tienen sus juegos cercados,
¡jaula de la viudita…!
¡Singulares
tropas de pájaros, oh iao, iao…!

– ¡Tranquila mansión, antigua pasión!
Kiosco de la Loca por afección.
Tras nalgas de rosales, el balcón
umbrío y muy bajo de la Julieta.

– La Julieta me recuerda a la Enriqueta,
encantadora estación de tren
en un monte, como al fondo de un vergel
¡do a mil azules diablos danzando se ve!

Verde banco do canta al paraíso jadeante,
en la guitarra, la pálida Irlandesa.

Luego en el comedor a la guayanesa,
parloteo de jaulas y de unos infantes.

Ventana de duque por la que pienso
en veneno de boj y de caracoles
que se duerme aquí bajo los soles.
¡Excesiva beldad! Guardemos silencio.

– Boulevard sin comercio ni movimiento,
mudo, todo drama y toda actuación,
de infinitas escenas eres reunión,
te reconozco y te admiro en silencio.

AVENTURA

Con diecisiete años, no puedes ser formal.
—¡Una tarde, te asqueas de jarra y limonada,
de los cafés ruidosos con lustros deslumbrantes!
—Y te vas por los tilos verdes de la alameda.

¡Qué bien huelen los tilos en las tardes de junio!
El aire es tan suave que hay que bajar los párpados;
Y el viento rumoroso —la ciudad no está lejos—
trae aromas de vides y aromas de cerveza.

II

De pronto puede verse en el cielo un harapo
de azul mar, que la rama de un arbolito enmarca
y que una estrella hiere, fatal, mientras se funde
con temblores muy dulces, pequeñita y tan blanca…

¡Diecisiete años!, ¡Noche de junio! —Te emborrachas.
La savia es un champán que sube a tu cabeza…
Divagas; y presientes en los labios un beso
que palpita en la boca, como un animalito.

III

Loca, Robinsonea tu alma por las novelas,
—cuando en la claridad de un pálido farol
pasa una señorita de encantador aspecto,
a la sombra del cuello horrible de su padre.

Y como cree que eres inmensamente ingenuo,
a la par que sus botas trotan por las aceras,
se vuelve, alerta y, con un gesto expresivo…
—Y en tus labios, entonces, muere una cavatina…

IV

Estás enamorado. Alquilado hasta agosto.
Estás enamorado. Se ríe de tus versos
Tus amigos se van, estás insoportable.
—¡Y una tarde, tu encanto, se digna, ya, escribirte…!

Y esa tarde… te vuelves al café luminoso,
pides de nuevo jarras llenas de limonadas…
—Con diecisiete años no puedes ser formal,
cuando los tilos verdes coronan la alameda.

BRUSELAS

Arriates de amarantos hasta
el agradable palacio de Júpiter.
– ¡Sé que eres Tú, quien por aquí,
mezclas tu Azul, casi sahariano!

Luego, cual rosas y abetos solares
y lianas que tienen sus juegos cercados,
¡jaula de la viudita…!
¡Singulares
tropas de pájaros, oh iao, iao…!

– ¡Tranquila mansión, antigua pasión!
Kiosco de la Loca por afección.
Tras nalgas de rosales, el balcón
umbrío y muy bajo de la Julieta.

– La Julieta me recuerda a la Enriqueta,
encantadora estación de tren
en un monte, como al fondo de un vergel
¡do a mil azules diablos danzando se ve!

Verde banco do canta al paraíso jadeante,
en la guitarra, la pálida Irlandesa.

Luego en el comedor a la guayanesa,
parloteo de jaulas y de unos infantes.

Ventana de duque por la que pienso
en veneno de boj y de caracoles
que se duerme aquí bajo los soles.
¡Excesiva beldad! Guardemos silencio.

– Boulevard sin comercio ni movimiento,
mudo, todo drama y toda actuación,
de infinitas escenas eres reunión,
te reconozco y te admiro en silencio.

CABEZA DE FAUNO

En el follaje, estuche verde que el oro dora,
en el follaje, incierto y cuajado de flores
que florecen magníficas, donde un beso mora,
nervioso, mientras rasga los bordados primores,

un asustado fauno arquea su entrecejo,
mordiendo con sus dientes blancos las flores rojas.
Moreno, tinto en sangre, igual que un vino añejo,
su labio estalla en risas perdido por las hojas.

Y cuando, cual ardilla, por la fronda se espanta,
prendida de las ramas su risa se estremece;
y vemos, asustado por el pinzón que canta,
cómo El Beso de oro del Bosque se adormece.

CANTO DE GUERRA PARISINO

La Primavera ya llegó:
del fondo de las Fincas verdes,
el vuelo de Tiers y Picard,
desplegado, su esplendor teje.

¡Culos desnudos, locos! ¡Mayo!
Escuchad, pues, cómo nos siembran
Sèvres, Meudón, Bagneux y Asnières
estas flores de primavera.

Tienen shakó, sable y tantán;
dejaron los viejos velones;
y canoas que jam… jam…jam…
los lagos con sangre recorren.

De juerga, más que nunca, estamos
cuando por nuestras madrigueras
caen los rubios cabujones
que alumbran auroras secretas.

Thiers y Picard son unos Eros
raptores de heliotropos
que pintan Corots a bombazos:
ya llegan zumbando sus tropos

Tumbado entre gladiolos, Favre
parpadea cual acueducto

con gemidos a la pimienta …
¡Son amiguetes del Gran Truco!

La gran ciudad arde, a pesar
de vuestras duchas de petróleo:
será preciso que os vayais
para que empiece otro episodio…

¡Y los Rurales que dormitan
agachapados, día y noche,
oirán las ramas, al romperse,
movidas por rojizos roces

EL AGUINALDO DE LOS HUÉRFANOS

El cuarto es una umbría; levemente se oye
el bisbiseo triste y suave de dos niños.
Sus cabezas se inclinan, llenas aún de sueños
bajo al blanco dosel que tiembla, al ser alzado.
En la calle, los pájaros, se apiñan, frioleros:
bajo el gris de los cielos, sus alas se entumecen;
y envuelto en su cortejo de bruma, el Año Nuevo,
arrastrando los pliegues de su manto de nieves,
sonríe entre sollozos, y canta estremecido…

II

Mientras tanto, los niños, bajo el dosel flotante,
hablan bajito como en las noches oscuras.
Escuchan, a lo lejos, algo como un murmullo…
y tiemblan al oír la voz clara y dorada
del timbre matinal que lanza y lanza aún
su estribillo metálico bajo el globo de vidrio…
—Pero el cuarto está helado… podemos ver, tiradas
en el suelo, las prendas de luto, en tomo al lecho:
¡el cierzo, áspero y crudo, gimiendo en el umbral
invade con su aliento mohíno la morada!
Sentimos que algo falta, en la casa, en los niños…
¿Ya no existe una madre para estos pequeños,
una madre con risa fresca y mirada airosa?
¿Se ha olvidado, de noche, sola y casi dormida
de encender esa llama que la ceniza esconde,
de echar sobre sus cuerpos el plumón y la lana,
pidiéndoles perdón, antes de abandonarlos?
¿No ha previsto que el frío hiere la madrugada,
que el cierzo del invierno acecha en el umbral?
—¡La esperanza materna, es la cálida alfombra,
es el nido mullido, en el que los chiquillos,
cual pájaros hermosos que acunan el follaje
duermen, acurrucados, sus dulces sueños blancos!…
—Pero éste es como un nido, sin plumas, sin tibieza,
en el que los pequeños tienen frío y no duermen,
miedosos, sólo un nido que el cierzo ha congelado…

III

Ya lo habéis comprendido: es que no tienen madre
¡Sin madre está el hogar! —y ¡qué lejos el padre!…
Una vieja criada se está ocupando de ellos;
y en la casona helada, los niños están solos.
Huérfanos de cuatro años… de pronto en su cabeza

se despierta, riendo, un recuerdo que asciende:
algo como un rosario desgranado al rezar .
—¡Mañana deslumbrante, mañana de aguinaldos!
cada uno, de noche, soñaba con los suyos,

en un extraño sueño, poblado de juguetes
dulces vestidos de oro, joyas resplandecientes,
bailando en torbellinos una danza sonora,
bajo el dosel ocultos, y, luego, desvelados.
Se despertaban pronto y, alegres, se marchaban,
con los labios golosos, frotándose los párpados,
y el pelo alborotado en tomo a la cabeza,
con los ojos brillantes de los días festivos,
rozando con las plantas desnudas la tarima,
a la alcoba paterna: llamaban despacito…
¡entraban!… y en pijama… ¡todo eran parabienes,
besos como en guirnaldas y libre algarabía!

IV

¡Tenían tanto encanto las palabras ya dichas!
—Pero cómo ha cambiado la casa de otros tiempos :
El fuego chispeaba, claro, en la chimenea,
alumbrando a raudales el viejo cuarto oscuro;
y los rojos reflejos lanzados por las llamas
jugaban en rodales por los muebles lacados…
—¡Cerrado y sin su llave estaba el gran armario!
Muchas veces, miraban la puerta parda y negra…
¡sin llave!… ¿no es extraño?… y soñaban, mirando,
en todos los misterios dormidos en su seno,
creyendo oír, lejano, en el ojo entreabierto,
un ruido hondo y confuso, como alegre susurro…
—La alcoba de los padres, hoy está tan vacía:
ningún rojo reflejo brilla bajo la puerta;
ya no hay padres, ni fuego, ni llaves sustraídas;
¡así pues, ya no hay besos ni agradables sorpresas!
Qué triste les va a ser el día de Año Nuevo.
—Y, absortos, mientras cae del azul de sus ojos,
lentamente, en silencio, una lágrima amarga,
murmuran: «¿Cuándo, ¡ay!, volverá nuestra madre?»

Ahora, los pequeños duermen tan tristemente
que al verlos pensaríais que lloran mientras duermen,
con los ojos hinchados y el soplo jadeante.
¡Los niños pequeñitos son seres tan sensibles!

Pero el ángel que vela junto a las cunas llega
para secar sus ojos, y de esta pesadilla
nace un alegre sueño, un sueño tan alegre
que sus labios cerrados piensan, al sonreír…
—Y sueñan que, apoyados en sus brazos llenitos,
igual que al despertarse, adelantan su cara
mirando en derredor con mirar distraído,
creyéndose dormidos en paraísos rosas.
Canta en la chimenea alegremente el fuego…
un cielo azul y hermoso entra por la ventana;
el mundo se despierta y se embriaga de luces…
y la tierra, desnuda, y alegre, al revivir,
tiembla henchida de gozo con los besos del sol…
y en el caserón viejo todo es tibio y rojizo :
los vestidos oscuros ya no cubren en el suelo,

el cierzo ya no grita, dormido en el umbral…
¡Diríase que un hada ha invadido las cosas!
—Los niños han gritado, alegres… allí, mira…
unto al lecho materno, en un fulgor rosado,
allí, sobre la alfombra, un objeto destella…
Son unos medallones de plata, blancos, negros,
de nácar y azabache, con luces rutilantes:
son dos marquitos negros con un festón de vidrio,
y en letras de oro brilla un grito: «A NUESTRA MADRE»

EL ÁNGEL Y EL NIÑO

El nuevo año ha consumido ya la luz del primer día;
luz tan agradable para los niños, tanto tiempo esperada y tan
pronto olvidada,
y, envuelto en sueño y risa, el niño adormecido se ha
callado…
Está acostado en su cuna de plumas; y el sonajero ruidoso
calla, junto a él, en el suelo.
Lo recuerda y tiene un sueño feliz:
tras los regalos de su madre, recibe los de los habitantes del
cielo .
Su boca se entreabre, sonriente, y parece que sus labios
entornados invocan a Dios.

Junto a su cabeza, un ángel aparece inclinado:
espía los susurros de un corazón inocente y, como colgado de su propia imagen,
contempla esta cara celestial: admira sus mejillas, su frente serena, los gozos de su alma,
esta flor que no ha tocado el Mediodía :
«¡Niño que a mí te pareces, vente al cielo conmigo! Entra en la morada divina;
habita el palacio que has visto en tu sueño;
¡eres digno! ¡Que la tierra no se quede ya con un hijo del cielo!
Aquí abajo, no podemos fiamos de nadie; los mortales no acarician nunca con dicha sincera;
incluso del olor de la flor brota un algo amargo;
y los corazones agitados sólo gozan de alegrías tristes;
nunca la alegría reconforta sin nubes y una lágrima luce en la risa que duda.
¿Acaso tu frente pura tiene que ajarse en esta vida amarga,
las preocupaciones turbar los llantos de tus ojos color cielo y la sombra del ciprés dispersar las rosas de tu cara?
¡No ocurrirá! te llevaré conmigo a las tierras celestes,
para que unas tu voz al concierto de los habitantes del cielo.
Velarás por los hombres que se han quedado aquí abajo.
¡Vamos! Una Divinidad rompe los lazos que te atan a la vida.
¡Y que tu madre no se vele con lúgubre luto;
que no mire tu féretro con ojos diferentes de los que miraban tu cuna;
que abandone el entrecejo triste y que tus funerales no entristezcan su cara,
sino que lance azucenas a brazadas,
pues para un ser puro su último día es el más bello!»

De pronto acerca, leve, su ala a la boca rosada…
y lo siega, sin que se entere, acogiendo en sus alas azul cielo el alma del niño,
llevándolo a las altas regiones, con un blando aleteo.

Ahora, el lecho guarda sólo unos miembros empalidecidos, en los que aún hay belleza,

pero ya no hay un hálito que los alimente y les dé vida.
Murió… Mas en sus labios, que los besos perfuman aún, se
muere la risa,
y ronda el nombre de su madre;
y según se muere, se acuerda de los regalos del año que nace.
Se diría que sus ojos se cierran, pesados, con un sueño
tranquilo.
Pero este sueño, más que nuevo honor de un mortal,
rodea su frente de una luz celeste desconocida,
atestiguando que ya no es hijo de la tierra, sino criatura del
Cielo.
¡Oh! con qué lágrimas la madre llora a su muerto
¡cómo inunda el querido sepulcro con el llanto que mana!
Mas, cada vez que cierra los ojos para un dulce sueño,
le aparece, en el umbral rosa del cielo, un ángel pequeñito
que disfruta llamando a
la dulce madre que sonríe al que sonríe.
De pronto, resbalando en el aire, en tomo a la madre
extrañada, revolotea con sus
alas de nieve
y a sus labios delicados une sus labios divinos.

EL APARADOR

Un gran aparador tallado —el roble oscuro
emana la bondad de los viejos, tan viejo;
está abierto, y su fondo vierte, cual vino añejo,
oscuras oleadas de aromas obsesivas.

Repleto, es una barullo de antiguas antiguallas,
sábanas perfumadas y amarillas, trapitos
de mujeres y niños, arrugados encajes,
toquillas de la abuela con pintados dragones.

En el encontraríamos medallones y mechas
de pelo blanco o rubio, retratos, flores secas
cuyo olor al olor de los frutos se mezcla.

¡Oh, viejo aparador, cuantas historias sabes!
y quisieras contarlas, por eso, incierto, crujes
cuando tus puertas negras lentamente se abren.

EL BAILE DE LOS AHORCADOS

En la horca negra bailan, amable manco,
bailan los paladines, los descarnados danzarines del diablo;
danzan que danzan sin fin
los esqueletos de Saladín.

¡Monseñor Belzebú tira de la corbata
de sus títeres negros, que al cielo gesticulan,
y al darles en la frente un buen zapatillazo
les obliga a bailar ritmos de Villancico!

Sorprendidos, los títeres, juntan sus brazos gráciles:
como un órgano negro, los pechos horadados,
que antaño damiselas gentiles abrazaban,
se rozan y entrechocan, en espantoso amor.

¡Hurra!, alegres danzantes que perdisteis la panza,
trenzad vuestras cabriolas pues el tablao es amplio,
¡Que no sepan, por Dios, si es danza o es batalla!
¡Furioso, Belzebú rasga sus violines!

¡Rudos talones; nunca su sandalia se gasta!
Todos se han despojado de su sayo de piel:
lo que queda no asusta y se ve sin escándalo.
En sus cráneos, la nieve ha puesto un blanco gorro.

El cuervo es la cimera de estas cabezas rotas;
cuelga un jirón de carne de su flaca barbilla:
parecen, cuando giran en sombrías refriegas,
rígidos paladines, con bardas de cartón.

¡Hurra!, ¡que el cierzo azuza en el vals de los huesos!
¡y la horca negra muge cual órgano de hierro!
y responden los lobos desde bosques morados:
rojo, en el horizonte, el cielo es un infierno…

¡Zarandéame a estos fúnebres capitanes
que desgranan, ladinos, con largos dedos rotos,
un rosario de amor por sus pálidas vértebras:
¡difuntos, que no estamos aquí en un monesterio!

Y de pronto, en el centro de esta danza macabra
brinca hacia el cielo rojo, loco, un gran esqueleto,
llevado por el ímpetu, cual corcel se encabrita
y, al sentir en el cuello la cuerda tiesa aún,

crispa sus cortos dedos contra un fémur que cruje
con gritos que recuerdan atroces carcajadas,
y, como un saltimbanqui se agita en su caseta,
vuelve a iniciar su baile al son de la osamenta.

En la horca negra bailan, amable manco,
bailan los paladines,
los descarnados danzarines del diablo;
danzan que danzan sin fin
los esqueletos de Saladín.

EL BARCO EBRIO

Según iba bajando por ríos impasibles,
me sentí abandonado por los hombres que sirgan:
Pieles Rojas gritones les habían flechado,
tras clavarlos desnudos a postes de colores.

Iba, sin preocuparme de carga y de equipaje,
con mi trigo de Flandes y mi algodón inglés.
Cuando al morir mis guías, se acabó el alboroto:
los Ríos me han llevado, libre, adonde quería.

En el vaivén ruidoso de la marea airada,
el invierno pasado, sordo, como los niños,
corrí. Y las Penínsulas, al largar sus amarras,
no conocieron nunca zafarrancho mayor.

La galerna bendijo mi despertar marino,
más ligero que un corcho por las olas bailé
—olas que, eternas, rolan los cuerpos de sus víctimas—
¬diez noches, olvidando el faro y su ojo estúpido.

Agua verde más dulce que las manzanas ácidas
en la boca de un niño mi casco ha penetrado,
y rodales azules de vino y vomitonas
me lavó, trastocando el ancla y el timón.

Desde entonces me baño inmerso en el Poema
del Mar, infusión de astros y vía lactescente,
sorbiendo el cielo verde, por donde flota a veces,
pecio arrobado y pálido, un muerto pensativo.

Y donde, de repente, al teñir los azules,
ritmos, delirios lentos, bajo el fulgor del día,
más fuertes que el alcohol, más amplios que las liras,
fermentan los rubores amargos del amor.

Sé de cielos que estallan en rayos, sé de trombas,
resacas y corrientes; sé de noches… del Alba
exaltada como una bandada de palomas.
¡Y, a veces, yo sí he visto lo que alguien creyó ver!

He visto el sol poniente, tinto de horrores místicos,
alumbrando con lentos cuajarones violetas,
que recuerdan a actores de dramas muy antiguos,
las olas, que a lo lejos, despliegan sus latidos.

Soñé la noche verde de nieves deslumbradas,
beso que asciende, lento, a los ojos del mar,
el circular de savias inauditas, y azul
y glauco, el despertar de fósforos canoros.

Seguí durante meses, semejante al rebaño
histérico, la ola que asalta el farallón,
sin pensar que la luz del pie de las Marías
pueda embridar el morro de asmáticos Océanos.

¡He chocado, creedme, con Floridas de fábula,
donde ojos de pantera con piel de hombre desposan
las flores! ¡Y arcos iris, tendidos como riendas
para glaucos rebaños, bajo el confín marino!

¡He visto fermentar marjales imponentes,
nasas donde se pudre, en juncos, Leviatán!
¡Derrubios de las olas, en medio de bonanzas,
horizontes que se hunden, como las cataratas.
¡Hielos, soles de plata, aguas de nácar, cielos
de brasa! Hórridos pecios engolfados en simas,

donde enormes serpientes comidas por las chinches
caen, desde los árboles corvos de negro aroma!

Quisiera haber mostrado a los niños doradas
de agua azul, esos peces de oro, peces que cantan.
—Espumas como flores mecieron mis derivas
y vientos inefables me halaron, al pasar.

A veces, mártir laso de polos y de zonas,
el mar, cuyo sollozo suavizaba el vaivén,
me ofrecía sus flores de umbría, gualdas bocas,
y yacía, de hinojos, igual que una mujer.

Isla que balancea en sus orillas gritos
y cagadas de pájaros chillones de ojos rubios
bogaba, mientras por mis frágiles amarras
bajaban, regolfando, ahogados a dormir.

Y yo, barco perdido bajo cabellos de abras,
lanzado por la tromba en el éter sin pájaros,
yo, a quien los guardacostas o las naves del Hansa
no le hubieran salvado el casco ebrio de agua,

libre, humeante, herido por brumas violetas,
yo, que horadaba el cielo rojizo, como un muro
del que brotan —jalea exquisita que gusta
al gran poeta— líquenes de sol, mocos de azur,

que corría estampado de lúnulas eléctricas,
tabla loca escoltada por hipocampos negros,
cuando julio derrumba en ardientes embudos,
a grandes latigazos, cielos ultramarinos,

que temblaba, al oír, gimiendo en lejanía,
bramar los Behemots y, los densos Malstrones,
eterno tejedor de quietudes azules,
yo, añoraba la Europa de las viejas murallas

¡He visto archipiélagos siderales, con islas
cuyo cielo en delirio se abre para el que boga:
—¿Son las noches sin fondo, donde exiliado duermes,
millón de aves de oro, ¡oh futuro Vigor!? .

¡En fin, mucho he llorado! El Alba es lastimosa.
Toda luna es atroz y todo sol amargo:
áspero, el amor me hinchó de calmas ebrias.
¡Que mi quilla reviente! ¡Que me pierda en el mar!

Si deseo alguna agua de Europa, está en la charca
negra y fría, en la que en tardes perfumadas,
un niño, acurrucado en sus tristezas, suelta
un barco leve cual mariposa de mayo.

Ya no puedo, ¡oleada!, inmerso en tus molicies,
usurparle su estela al barco algodonero,
ni traspasar la gloria de banderas y flámulas
ni nadar, ante el ojo horrible del pontón.

EL CASTIGO DE TARTUFO

Tizando, cual fuego, un corazón amante
so capa casta y negra, feliz, mano enguantada,
un día que se iba, atroz, manso, amarillo,
babeando su fe por su boca sin dientes,

un día que se iba, «Oremus», un Diantre
lo agarró bruscamente de su oreja beata,
largándole espantosas palabras, y arrancándole
la casta y negra capa a su piel lienta y cálida.

¡Castigo!… Sus ropajes están desabrochados,
y su largo rosario de pecados remisos
desfilan por su pecho; ¡San Tartufo está pálido!…

¡Se confesaba, al fin, rezaba entre estertores!
Y el hombre sólo pudo llevarse sus chorreras …
—Tartufo está desnudo del todo, ¡puag, qué asco!

EL CORAZÓN ROBADO

¡Mi triste corazón babea a popa,
mi corazón que colma el caporal
y me vierten en él chorros de sopa,
mi triste corazón babea a popa:
con las bromas sangrientas de la tropa

que brama un carcajeo general,
mi triste corazón babea a popa,
mi corazón que colma el caporal!

Itiofálicos y soldadinescos
sus chistes sangrientos lo han depravado;
y de noche componen unos frescos
itiofálicos y soldadinescos.
¡Oleajes abracadabrantescos
llevadme el corazón, que sea lavado!
Itiofálicos y soldadinescos
sus chistes sangrientos lo han depravado.

Cuando se agoten sus chimós gargálicos
¿cómo vivir, oh corazón robado?
llegarán con sus estribillos báquicos;
cuando se agoten sus chimós gargálicos
sentiré sobresaltos estomáquicos,
yo, el del corazón despedazado.
Cuando se agoten sus chimós gargálicos
¿cómo vivir, oh corazón robado?

EL HERRERO

Con el brazo en la maza gigantesca, terrible
de embriaguez y grandeza, frente ancha, boca enorme
abierta, cual clarín de bronce por la risa,
con su hosca mirada, sujetando a ese gordo,
al pobre Luis, un día, le decía el Herrero
que el Pueblo estaba ahí, girando en rededor,
y arrastrando su ropa sucia por las paredes
doradas. Y el buen rey, de pie sobre su tripa,
palideció, cual reo que llevan a la horca;
mas, como can sumiso, el rey no protestaba,

pues el hampón de fragua, el de los anchos hombros,
contaba viejos hechos y cosas tan extrañas
que fruncía la frente, herida de dolor.

«Pues sepa usted, Mi Sire, cantando el tralalá
llevábamos los bueyes a los surcos ajenos:
el Canónigo, al sol, tejía padres nuestros
por rosarios granados con claras perlas de oro,
el Señor, a caballo, tocando el olifante,
pasaba; con garrote, el primero, con látigo,
el otro, nos zurraban. —Como estúpidos ojos
de vaca, nuestros ojos ya no lloraban; íbamos…
y cuando como un mar de surcos, la comarca
dejábamos, sembrando en esa tierra negra
trozos de nuestra carne… nos daban la propina:
incendiaban de noche nuestra choza; en las llamas
ardían nuestros hijos cual tortas bien horneadas.

…«¡No me quejo, qué va! Te digo mis manías,
en privado. Y admito que tú me contradigas.
¿Acaso no es hermoso ver en el mes de junio
cómo entran en la granja los carros llenos de heno,
enormes, y en los huertos oler, cuando llovizna,
todo cuanto germina por la hierba rojiza;
ver en sazón la espiga de los trigos granados,
y pensar que un buen pan se anuncia en los trigales…?
¡Aún hay más: iríamos a la fragua encendida,
cantando alegremente al ritmo de los yunques,
si al menos nos dejaran coger unas migajas,
hombres, al fin y al cabo, de cuanto Dios ofrece!

—¡Y siempre se repite la misma y vieja historia…!
«¡Pero ahora ya sé: y no puedo admitir,

teniendo dos manazas, mi frente y mi martillo,
que alguien pueda llegar, con el puñal en ristre,
para decirme: Mozo, siembra mis sembradíos,
y que en tiempo de guerra vengan para llevarse
mi hijo de su casa, como algo natural!
—Yo podré ser un hombre; tu podrás ser el rey,
y decirme: ¡Lo quiero! Te das cuenta, es estúpido.
Crees que me entusiasma ver tu espléndida choza,
tus soldados dorados, miles de maleantes,
tus bastardos de dios, como pavos reales:

han vertido en tu nido el olor de las mozas
y edictos condenándonos a vivir en Bastillas ;
gritaremos: ¡Muy bien: de rodillas, los pobres!
¡Doraremos tu Louvre dándote nuestros reales!
y te emborracharás, armando la gran juerga.
—Mientras ríen los Amos pisando nuestras frentes.

«¡Pues no; tales guarradas son de épocas pretéritas!
El pueblo ya no es una puta. Tres pasos
dimos y hemos dejado la Bastilla en añicos.
Esta bestia sudaba sangre por cada piedra;
daba asco ver aún alzada la Bastilla,
con sus muros leprosos, contando lo ocurrido
y encerrándonos siempre en su prisión de sombra.
—¡Ciudadano!, el pasado siniestro, entre estertores
se derrumbaba al fin, al conquistar la torre.
Algo como el amor el corazón henchía
al tener nuestros hijos contra el pecho, abrazados.
Y, como los caballos de ollares turbulentos,

íbamos, bravos, fuertes, y nos latía aquí.
Íbamos bajo el sol, así , la frente alzada,
por París. Se paraban ante nuestros harapos.
¡Por fin! ¡Éramos Hombres! Pero estábamos lívidos,
Sire, aunque embriagados de esperanzas atroces:
y, cuando al fin llegamos ante las negras torres,
blandiendo los clarines y las ramas de roble,
con las lanzas alzadas… ya no sentimos odio,
—¡Nos creímos tan fuertes que quisimos ser mansos!

¡Desde aquel día heroico, andamos como locos!
Oleadas de obreros han tomado la calle
y, malditos, caminan, muchedumbre que espectros
sombríos acrecienta, hacia el hogar del rico:
yo corro junto a ellos a matar al chivato:
corro, por París, negro, con el martillo al hombro,
hosco, por los rincones, liquidando truhanes…
¡Si te ríes de mí, soy capaz de matarte!
—Puedes contar con ello, no repares en gastos

junto a tus hombres negros, que aceptan nuestras quejas
y se las van pasando, como sobre raquetas,
mientras dicen, bajito, ¡los muy golfos!: «¡Qué tontos!»,
para apañar las leyes y sacar octavillas

íbamos, bravos, fuertes, y nos latía aquí.
Íbamos bajo el sol, así, la frente alzada,
por París. Se paraban ante nuestros harapos.
¡Por fin! ¡Éramos Hombres! Pero estábamos lívidos,
Sire, aunque embriagados de esperanzas atroces:
y, cuando al fin llegamos ante las negras torres,
blandiendo los clarines y las ramas de roble,
con las lanzas alzadas… ya no sentimos odio,
—¡Nos creímos tan fuertes que quisimos ser mansos!

¡Desde aquel día heroico, andamos como locos!
Oleadas de obreros han tomado la calle
y, malditos, caminan, muchedumbre que espectros
sombríos acrecienta, hacia el hogar del rico:
yo corro junto a ellos a matar al chivato:
corro, por París, negro, con el martillo al hombro,
hosco, por los rincones, liquidando truhanes…
¡Si te ríes de mí, soy capaz de matarte!
—Puedes contar con ello, no repares en gastos
junto a tus hombres negros, que aceptan nuestras quejas
y se las van pasando, como sobre raquetas,
mientras dicen, bajito, ¡los muy golfos!: «¡Qué tontos!»,
para apañar las leyes y sacar octavillas

Tengo tres hijos. Soy crápula. —Y conozco
viejas que van llorando bajo sus viejas cofias
porque alguien les quitó su muchacho o su chica:
Es la crápula.
Uno residió en la Bastilla,
otro era un presidiario: los dos son ciudadanos
honrados. Y aunque libres los tratan como a perros:
¡los insultan! Y sienten cómo les duele ahí,
algo. ¡No pasa nada! Pero es triste; y al verse
rota el alma, y al verse por siempre condenados,
están aquí, ahora, ¡gritándote a la cara!

¡Crápula!
También hay, dentro, chicas, sin honra
porque (vos lo sabéis, que la mujer es débil)
Señores de la corte (y que siempre consiente)
les habéis escupido en el alma, por nada.
Ahora están ahí, las que amasteis.
—La crápula.

¡Todos los Desgraciados, cuyas espaldas arden
bajó un sol inclemente, avanzando, avanzando,
sintiendo que el trabajo les revienta la frente;
—descubríos, burgueses—, éstos sí son los Hombres!
¡Somos Obreros, Sire, Obreros, preparados
para la nueva era que pretende saber:
el Hombre forjará del alba hasta la noche,
cazador de los grandes efectos y sus causas,
tranquilo vencedor domeñará las cosas
hasta montar al Todo cual si fuera un corcel!
¡Espléndido fulgor de las fraguas! ¡No existe
ya el mal! Lo que ignoramos, tal vez sea terrible:
¡lo sabremos! Empuñando el martillo, cribemos
todo cuanto aprendimos: luego, Hermano, ¡adelante!

A veces tengo un sueño enorme y conmovido:
vivo con sencillez, ardientemente, nada
malo sale de mí, bajo la amplia sonrisa
de una mujer que amo, con noble amor trabajo;
¡y así trabajaríamos, ufanos, todo el día,
escuchando el deber cual clarín clamoroso!
¡Qué felices seríamos! Y nadie, nadie digo,
vendría a doblegarnos; no, sobre todo, ¡nadie!
Tengo el fusil colgado sobre la chimenea…

«El aire está preñado de un aroma de guerra.
¿Pero qué te decía? ¡Ah! Que soy chusma; vale.
Y quedan todavía soplones y logreros.
Nosotros somos libres y sufrimos visiones
donde nos vemos grandes; ¡grandes! Ahora mismo,
¿no hablaba del deber tranquilo, de una casa…?
¡Contempla, pues, el cielo! —Lo encontramos pequeño:

¡palmarla de rodillas y con tanto calor!
¡Contempla, pues, el cielo! —Yo me voy con mi gente,
con esta chusma enorme y horrísona que arrastra,
tus cañones decrépitos por el sucio empedrado.
—Cuando nos maten, Sire, los habremos lavado.
—Y si al vemos gritar, si ante nuestra venganza,
las patas de los reyes viejos y pavonados
lanzan sus regimientos, de gala, contra Francia,
allí estaréis vosotros.
¡Pues, a la mierda, perros!»

—Volvió a echar su martillo al hombro.
El gentío
junto a este gigante se sentía embriagado,
y, por el patio inmenso, por los apartamentos,
donde París jadeante ululaba feroz,
un temblor sacudió la muchedumbre inmensa.
Entonces, con su mano, coronada de mugre,
aunque el panzudo rey sudaba, el Herrero,
terrible, el gorro rojo, a la cara le arroja.

EL JUSTO SE SENTABA

El Justo erguía, recto, sus sólidas caderas:
un rayo le doraba los hombros; el sudor
me invadió: «¿Quieres ver bólidos que rutilan
y, puesto en pie, escuchar cómo zumba el fluir
de los lácteos astros y enjambres de asteroides?

»En farsas nocturnales alguien te está espiando.
Oh justo. Te es preciso un techo. Calla y reza,
tapado por las sábanas, dulcemente purgado,
y si algún errabundo llamara a tu ostiano ,
le dices: "¡Márchate, Hermano, estoy lisiado".»

Pero el Justo seguía de pie, en el espanto
azulón de la hierba, debajo del sol muerto .
«Y, ¿no pondrás en venta tus tristes rodilleras,

oh Anciano? ¡Peregrino sacro, Bardo de Armor,
Llorón de los Olivos, mano que el amor calma!

»Barba de la familia , puño de la ciudad,
creyente manso: ¡Alma que se derrama en cálices ,
majestades, virtudes, amor y ceguedad,
¡Justo!, más tonto y más inmundo que una perra.
¡Yo soy aquel que sufre pero se ha rebelado!

»Me río a carcajadas, oh estúpido, me muero
de risa en la esperanza de tu burdo perdón.
Estoy maldito , sabes, borracho, loco, lívido.
¡Y qué quieres! Pues vete a dormirte, oh Justo,
¡Poco me importa a mí tu torpedo cerebro!

»¡Tú eres el justo, ¿no?, el justo, y eso basta!
Hay que admitir que, mansas, tu ternura y razón
resoplan en la noche igual que los cetáceos,
que te has hecho proscrito, y que vomitas trenos
por espantosas flautas, caducas y chascadas.

»¡Y eres ojo de Dios, cobarde! Pero, incluso,
si el frío de sus pies me oprimiera la nuca
eres cobarde. ¡Oh frente infectada de liendres!
Sócrates y Jesús, Santos y Justos ¡qué asco!
¡Respetad al Maldito supremo, en noches cruentas!»

Todo esto vomité sobre el mundo, y la noche
blanca y tranquila henchía el cielo en mi delirio.
Y, cuando alcé mi frente, el fantasma se iba,
llevándose el atroz sarcasmo de mis labios…
¡Venid, vientos nocturnos, para hablarle al Maldito!

Mientras, silencioso, bajo enormes pilastras
de azul , desperezando los cometas y nudos
del universo, enorme conmoción sin desastres,
el Orden, cual vigía, rema en el firmamento
y de su draga en fuego brotan hileras de astros.

¡El justo, que se vaya, atada la corbata
del oprobio a su cuello, rumiando mi pesar,
dulce como el azúcar en el diente podrido.

—Como la perra, tras la embestida del perro,
lamiéndose el costado del que cuelgan sus tripas.

¡Que invoque caridades mugrientas y progresos… ¡
—Yo desprecio los ojos de esos chinos panzudos¬
y luego tararee como un montón de niños
que van morir, tontos de imprevistas canciones:
¡Justos, nos cagaremos en vuestros vientres huecos!

EL MAL

Mientras que los gargajos rojos de la metralla
silban surcando el cielo azul, día tras día,
y que, escarlata o verdes, cerca del rey que ríe
se hunden batallones que el fuego incendia en masa;

mientras que una locura desenfrenada aplasta
y convierte en mantillo humeante a mil hombres;
¡pobres muertos! sumidos en estío, en la yerba,
en tu gozo, Natura, que santa los creaste,

existe un Dios que ríe en los adamascados
del altar, al incienso, a los cálices de oro,
que acunado en Hosannas dulcemente se duerme.

Pero se sobresalta, cuando madres uncidas
a la angustia y que lloran bajo sus cofias negras
le ofrecen un ochavo envuelto en su pañuelo.

EL SUEÑO DEL ESCOLAR

Era la primavera, y Orbilio languidecía en Roma, enfermo,
inmóvil:
entonces, las armas de un profesor sin compasión iniciaron
una tregua:
los golpes ya no sonaban en mis oídos
y la tralla ya no cruzaba mis miembros con permanente
dolor.
Aproveché la ocasión: olvidando, me fui a las campiñas
alegres.
Lejos de los estudios y de las preocupaciones, una apacible

alegría hizo renacer mi fatigada mente.
Con el pecho hinchado por un desconocido y delicioso
contento,
olvidé las lecciones tediosas y los discursos tristes del
maestro;
disfrutaba al mirar los campos a lo lejos y los alegres
milagros de la tierra primaveral.
Cuando era niño, sólo buscaba los paseos ociosos por el
campo:
sentimientos más amplios cabían ahora en mi pequeño
pecho;
no sé que espíritu divino le daba alas a mis sentidos
exaltados;
mudos de admiración, mis ojos contemplaban el espectáculo;
en mi pecho nacía el amor por los cálidos campos:
como antaño el anillo de hierro que al amante de Magnesia
atrae, con una fuerza secreta,
atándolo sin ruido gracias a invisibles ganchos.

Mientras, con los miembros rotos por mis largos
vagabundeos,
me recostaba en las verdes orillas de un río,
adormecido por su suave susurro, llevado por mi pereza y
acunado por el concierto de
los pájaros y el hálito del aura,
por el valle aéreo llegaron unas palomas,
blanca bandada que traía en sus picos guirnaldas de flores
cogidas por Venus,
bien perfumadas, en los huertos de Chipre.
Su enjambre, al volar despacioso, llegó al césped donde yo
descansaba, tendido,
y batiendo sus alas a mi alrededor, me rodearon la cabeza,
liándome las manos,
con una corona de follaje
y, tras coronar mis sienes con ramos de mirto aromado, me
alzaron, por los aires,
cual levísimo fardo…
Su bandada me llevó por las altas nubes, adormecido bajo
una fronda de rosas;
el viento acariciaba con su aliento mi lecho acunado

suavemente.
Y en cuanto las palomas llegaron a su morada natal, al pie de
una alta montaña,
y se alzaron con un vuelo rápido hasta sus nichos
suspendidos,
me dejaron allí, despierto ya, abandonándome.
¡Oh dulce nido de pájaros!…
Una luz restallante de blancura, en tomo a mis hombros, me
viste todo el cuerpo con sus
rayos purísimos:
luz en nada parecida a la penumbrosa luz que, mezclada con
sombras,
oscurece nuestras miradas.
Su origen celeste nada tiene en común con la luz de la tierra.
Y una divinidad me sopla en el pecho un algo celeste y
desconocido, que corre por mí como un río.

Y las palomas volvieron trayendo en su pico una corona de
laurel trenzada
semejante a la de Apolo cuando pulsa con los dedos las
cuerdas;
y cuando con ella me ciñeron la frente ,
el cielo se abrió y, ante mis ojos atónitos, volando sobre una
nube áurea,
el mismo Febo apareció, ofreciéndome con su mano el
plectro armonioso,
y escribió sobre mi cabeza con llama celeste estas palabras:
«SERAS POETA»…
Al oírlo, por mis miembros resbala un calor extraordinario,
del mismo modo que, en su
puro y luciente cristal, el sol enardece con sus rayos la
límpida fuente.
Entonces, también las palomas abandonan su forma anterior:
el coro de las Musas aparece, y suenan suaves melodías;
me levantan con sus blandos brazos,
proclamando por tres veces el presagio y ciñéndome tres
veces de laureles.

EN CUCLILLAS

Tarde, cuando ya siente náuseas en el estómago,
el lego Milotús, con su ojo en la tronera
por donde el sol naciente, calderón deslumbrante,
le lanza una migraña que le nubla la vista,
remueve entre las sábanas su barrigón de cura.

Se agita cual poseso bajo la manta parda,
se tira de la cama, y haciéndose un ovillo
tembloroso, asustado, cual viejo que comiera
su rapé, le es preciso, cogiendo su orinal,
blanco, remangarse hasta la ijada la camisa.

Agachado, aterido, con los dedos del pie
encogidos, temblando, al claro sol que ofrece
el oro de sus panes al pobre ventanal;
y la nariz del pobre, con resplandor de laca,
resopla al nuevo día, carnoso polipero.

Se cuece a fuego lento, con los brazos cruzados,
con el labio en la panza: siente cómo sus muslos
se deshacen, al fuego, y sus calzas se tuestan;
con la pipa apagada, nota algo que se agita,
cual pájaro en su vientre, manso montón de tripas.

Duermen en tomo a él, los muebles en desorden,
torpes, entre jirones de mugre y vientres sucios;
taburetes, cual sapos extraños, se agazapan
en los negros rincones: abre el aparador
sus fauces de sochantre con torvos apetitos.

El calor nauseabundo hinche la estrecha celda;
el cerebro del pobre se atiborra de harapos.
Siente cómo los pelos crecen por su piel húmeda,
y a veces, entre hipidos de seriedad grotesca,
se escapa, removiendo el taburete cojo…

Y de noche, en los rayos de la luna que trazan
entorno a su trasero flecos de resplandor,
una mínima sombra se agacha, sobre un fondo
de nieve rosa, igual que si una malvarrosa

Y una nariz quimérica va persiguiendo a Venus
por el cielo abisal.

JESÚS DE NAZARETH

En aquel tiempo Jesús vivía en Nazaret:
Crecía en virtud el niño y también crecía en años.
Una mañana, cuando vio que los tejados se ponían
rubescentes,
salió de su cama, mientras todo dormía bajo un pesado
sopor,
para que José, al levantarse, encontrara la tarea ya acabada.
Volcado sobre el trabajo y con el rostro sereno, tirando y
empujando una enorme sierra,
cortaba muchas tablas con sus brazos de niño.
Lejos, sobre los altos montes, el claro sol subía
y sus llamas de plata entraban por las humildes ventanas…
Ya conducen los boyeros los rebaños a los pastos
y admiran, al pasar, al joven artesano y los ruidos del trabajo
matutino.
«¿Quién es este niño?», preguntan.

Su cara expresa una seriedad mezclada de belleza; y la
fuerza nace en sus brazos.
El joven artífice trabaja el cedro con arte, como un veterano;
ni los trabajos de Hiram fueron antaño tan grandes, cuando,
en presencia de Salomón,
con vigoroso y prudente brazo, cortaba los enormes cedros y
los maderos del templo.
Sin embargo, su cuerpo se arquea más flexible que una grácil
caña,
alcanzando su espalda el hacha, cuando la levanta.»

Pero su madre, oyendo el rechinar de la hoja de la sierra,
había abandonado el lecho,
y entrando sigilosa y en silencio,
sorprendida ve al niño que se afana y que maneja enormes
tablas…
Apretando los labios mira,
y, mientras abraza a su hijo con su mirada serena, por sus

trémulos labios se pierden
vagos murmurios; Brilla la risa en sus lágrimas…

Mas la sierra, de pronto, se rompe, hiriendo los dedos
incautos
y su cándida túnica se mancha con la sangre purpúrea…
un leve gemido se eleva de su boca.
Pero, al ver de repente a su madre, los dedos enrojecidos
esconde bajo su vestido
y, fingiendo sonreír, la saluda.

La Madre, postrada a rodillas de su hijo,
acaricia, ¡que pena!, con sus dedos los dedos del niño
y besa repetidamente sus tiernas manos, con largos gemidos,
bañando su cara con enormes lágrimas.

Pero el niño impertérrito dice: «¿Por qué lloras, madre
ignorante?
¿Porque el hiriente filo de la sierra rozó mis dedos?
¡Aún no ha llegado el momento en el que te sea preciso
llorar!»

Y, entonces, reemprende el trabajo:
su madre, silenciosa, vuelve hacia el suelo su rostro
luminoso, pensando en tantas cosas
y mirando a su hijo con tristes miradas:
«Gran Dios, hágase tu voluntad santa.»

LA DURMIENTE DEL VALLE

Un hoyo de verdor, por el que canta un río
enganchando, a lo loco, por la yerba, jirones
de plata; donde el sol de la montaña altiva
brilla: una vaguada que crece en musgo y luz.

Un soldado, sin casco y con la boca abierta,
bañada por el berro fresco y azul su nuca,
duerme, tendido, bajo las nubes, en la yerba,
pálido, en su lecho, sobre el que llueve el sol.

Con sus pies entre gladios duerme y sonríe como
sonríe un niño enfermo; sin duda está soñando:
Natura, acúnalo con calor: tiene frío.

Su nariz ya no late con el olor del campo;
duerme en el sol; su mano sobre el pecho tranquilo;
con dos boquetes rojos en el lado derecho.

LA ORGÍA PARISINA O PARÍS VUELVE A POBLARSE

¡Cobardes, aquí está! ¡La estación os vomita!
El sol ha enjugado con su ardiente pulmón
los paseos que un día ocuparon los Bárbaros.
Ésta es la Ciudad santa, sentada al occidente.

¡Vamos! se han prevenido los reflujos de incendios.
Ved los muelles aquí, allá los bulevares,
las casas sobre el cielo azul, brillante, ingrávido,
antaño constelado por un rubor de bombas.

¡Esconded los palacios muertos en cajoneras!
El viejo día loco refresca los recuerdos.
Ved el rebaño rojo de impúdicas nalgueras :
locos, podréis ser raros, pues vais despavoridos.

Perras que vais en celo comiendo cataplasmas,
las casas de oro os llaman a gritos. ¡Id, volad!
¡Comed! La noche alegre con sus hondos espasmos
ha bajado a la calle. ¡Bebedores aciagos

bebed! Cuando amanece, con luz intensa y loca
que a vuestro lado husmea los lujos desbordados,
¿no os volvéis, frente al vaso, impávidos babosos,
con los ojos perdidos en blancas lejanías?

¡Tragad, para la Reina de nalgas en cascada!.
Escuchad cómo suenan los eructos estúpidos,
¡desgarrados! ¡Oíd, cómo en noches ardientes
saltan con estertores, viejos, peleles, siervos!

¡Corazones mugrientos, bocas horripilantes,
más fuerte, ¡masticad! hediondos gaznates!
Que les traigan más vino a estos lerdos ignobles:
la andorga se os derrite de infamia, ¡Vencedores!

¡Desplegad vuestro olfato a las náuseas grandiosas!
¡Emponzoñad las cuerdas que esperan vuestros cuellos!
Posando, en vuestras nucas, sus manos enlazadas
el Poeta os impele, «¡cobardes!, a ser locos».

Como andáis escarbando el vientre de la Hembra
teméis que tenga aún un estremecimiento,
y grite, sofocando vuestra infame camada
contra su duro pecho, con horrible apretón.

Peleles, sifilíticos, locos, reyes, ventrílocuos,
¿qué le puede importar al putón de París
vuestras almas y cuerpos, harapos y ponzoñas?
¡Os zarandeará, hurañas podredumbres!

Y cuando hayáis caído, gimiendo contra el pecho,
derrumbados, pidiendo, locos, vuestro dinero,
la roja cortesana, la de las tetas bélicas
lejos de vuestros miedos, apretará los puños.

Después de haber bailado con furia en las tormentas,
París, tras recibir tan numerosos tajos,
cuando yaces, ahora, guardando en tus pupilas
luminosas, la dicha de un renacer salvaje .

¡Oh ciudad dolorida, oh ciudad casi muerta,
con tu rostro y tus pechos de cara al Porvenir,
ofrecida a la noche de mil puertas vacías,
y que un Pasado horrible podría bendecir:

cuerpo magnetizado para males enormes,
que te bebes la vida, espantosa, de nuevo,
al manar de tus venas un flujo de gusanos
blancos, mientras helados dedos rondan tu amor.

¡Y no está mal! Las larvas, las larvas macilentas
no podrán estorbar tu soplo de Progreso,

igual que las Estringes no apagaron el ojo
azul de las Cariátides que inunda un oro astral .

Aunque sea espantoso verte cubierta así;
aunque nunca ciudad fuera cambiada en úlcera
tan hedionda, en medio de la verde Natura,
el Poeta te dice: «Tu Belleza es espléndida».

La tormenta te ha hecho poesía suprema;
el inmenso bullicio de las fuerzas te alienta;
tu obra hierve, la muerte ruge, ¡Ciudad ungida!
Amontona estridencias en lo hondo del clarín

El Poeta hará suyo el llanto del Infame,
el odio del Forzado, el clamor del Maldito;
y sus rayos de amor flagelarán las Hembras.
Su estrofa brincará: ¡Mirad, mirad, bandidos!
Sociedad, todo ha vuelto a su sitio: la orgía
llora su estertor viejo en el viejo prostíbulo;
y el gas, en su delirio, por las murallas rojas,
arde siniestramente hacia el pálido azul.

LA RESPLANDECIENTE VICTORIA DE SARREBRUCK

Emperador en medio, en una apoteosis
azul y gualda: avanza, tieso sobre el caballo,
deslumbrante, dichoso, pues lo ve todo en rosa,
feroz como el dios Zeus, manso como un papá;

abajo, los Bisoños, que se echaban la siesta,
junto a tambores de oro y cañones de grana
se levantan, discretos. Pitou se va vistiendo
y, vuelto hacia su Jefe, tanto nombre lo aturde.

A un lado, Dumanet se apoya en la culata
del chassepot, no tiembla su cogote a cepillo:
«¡Viva el Emperador!» Su vecino se calla…

Un chaco surge como un sol negro… —En el centro
Boquillón , de azulgrana, ingenuo, tras su tripa
emerge y enseñando su culo: «¿Y qué?…» —pregunta.

LA TUNANTA

En el comedor pardo, que perfumaba una
mezcla de olor de fruta y de barniz, a gusto,
me hice con un plato de no sé qué guisado
belga, y me arrellané en una enorme silla.

Mientras comía, oí el reloj —feliz, quedo…
La cocina se abrió, inmensa bocanada,
—y la criada entró; y no sé bien por qué
llevaba el chal abierto y un peinado travieso.

Y mientras recorría con su dedo azorado
su cara, un terciopelo, durazno blanco y rosa,
haciendo un gesto ingenuo con su labio de niña,

colocaba los platos, junto a mí, serenándome.
Y luego, distraída, para ganarse un beso,
bajito: «toca, toca: me *s'ha enfriao* la cara…»

LAS DESPOJIADORAS

Cuando la frente infante, con sus rojas tormentas
convoca al blanco enjambre de los sueños difusos,
llegan junto a su cama dos hermanas risueñas
con sus gráciles dedos de uñas argentinas.

Sientan al niño frente al ventanal abierto,
donde el aire azul baña torbellinos de flores
y por su denso pelo preñado de rocío
sus dedos se pasean, seductores, terribles.

Él, escucha el cantar de sus hálitos tímidos
que expanden amplias mieles vegetales y rosas
y que interrumpe a veces un silbido —saliva
que los labios absorben o ganas de besar.

Escucha sus pestañas latir en el silencio
perfumado; y sus dedos, eléctricos y suaves,
provocan los chasquidos , entre indolencias grises,
de los piojillos muertos, por sus uñas de reina.

Y un vino de Pereza sube en él, un suspiro
de armónica, capaz de llegar al delirio:
y el niño siente, al ritmo lento de las caricias,
cómo brotan y mueren sus ansias de llorar.

LAS HERMANAS DE CARIDAD

Al joven cuyos ojos son brillantes, con cuerpo
moreno, que debiera ir desnudo a su edad,
con su frente ceñida de cobre, ante la luna,
adorado por Persas, Genio desconocido,

desbocado, aunque tiene ternuras virginales
y negras, orgulloso de su empeño primero,
cual los mares recientes, llanto en noches de estío
que se agitan insomnes en lechos de diamantes;

este joven, al ver la fealdad del mundo,
tiembla en su corazón ampliamente irritado,
y henchido por la herida profunda y permanente
desea que su hermana de caridad venga a él.

Pero, Mujer, montón de entrañas, piedad dulce,
nunca fuiste hermana de caridad, no, nunca;
negra mirada, vientre en el que duerme roja
umbría, dedos leves, pechos bien torneados.

Ciega, que aún dormitas, con pupilas inmensas,
nuestro abrazo no fue sino nudo de dudas:
portadora de tetas, eres tú la que pende
de nosotros, ¡oh, duerme!, risueña honda Pasión.

Tus odios, tus perezas permanentes, tus faltas,
y tus brutalidades antaño padecidas,
nos las devuelves, todas, Noche, pero sin odio,
como el raudal de sangre que cada mes derramas

Cuando la hembra, aguantada un momento, lo aterra,
Amor, canto a la vida y llamada a la acción,
llegan la Musa verde y la justicia ardiente ,
y desgarran su carne con augusta obsesión

Siempre conmocionado por calmas y esplendores,
dejado por las dos Hermanas implacables,
gimiendo con ternura tras la ciencia nodriza,
le ofrece al verde campo su frente herida, en flor.

Pero la negra alquimia y los santos estudios
repugnan al herido, sombrío sabio altivo,
que siente alzarse en él atroces soledades.
Entonces, siempre hermoso, sin asco del sepulcro…

que crea en la gran meta, los Sueños o Paseos
inmensos, por la noche negra de la Verdad,
y que te llame, enfermo, en su alma y en sus miembros,
¡oh Muerte, misteriosa, oh Sor de caridad!

LAS MANOS DE JEANNE—MARIE

Jeanne—Marie tiene las manos fuertes,
manos oscuras que ha curtido el sol,
pálidas manos, como manos muertas.
—¿De Juana estas manos son?

¿Han absorbido morenas pomadas
por el mar de la voluptuosidad?
¿han ido a templarse en la luz de luna
que llena el estanque de paz?

¿No habrán ido a beber bárbaros cielos,
serenas sobre rodillas galantes?
o ¿no habrán enrollado enormes puros
o traficado con diamantes?

¿No habrán marchitado pétalos de oro
a los pies ardientes de las Madonas?
Pero, en su palma brota y duerme, negra,
la sangre de la belladona.

¿Manos cazadoras de negros dípteros
que se van, libando los azulones

de las mañanas hacia los nectarios,
y que mezclan negras pociones?

¿Qué Sueño loco las habrá llevado
en insólitas pendiculaciones?
Un extravagante sueño de Asias
de Kengavares y Siones.

Estas manos no han vendido naranjas
ni se han bronceado al pie de los dioses:
estas manos no han lavado pañales
de niños ciegos y tripones.

No son manos de prima , ni de obreras
de frentes abombadas y que abrasa,
un sol ebrio de oscuros alquitranes,
por bosques que apestan a fábrica.

Son manos que desloman espinazos,
pero que nunca han hecho el menor daño;
fatales, con fatalidad de máquinas,
pero fuertes como un caballo.

Se agitan como si fueran hogueras,
y al sacudirse sus fríos temblores
sus carnes van cantando Marsellesas:
¡nunca canta Kirieleisones!

Os pueden romper el cuello, mujeres
indignas, y triturar vuestras manos,
nobles mujeres, sucias de carmín
y de polvos —manos de fango.

¡Vuelve tontos de amor a los borregos
el brillo de estas manos que enamoran!
Y el sol, en su esplendor, siembra un rubí
por su falange apetitosa.

Lunares y manchas de muchedumbre
las broncean, como pechos de antaño:
¡El dorso de estas Manos es la plaza
que todo Rebelde ha besado!

¡Se han vuelto pálidas, con encanto,
a pleno sol, cuando de amor rebosa,
por el París en rebeldía, junto
al bronce de ametralladoras,

¡Pero, a veces, oh sacrosantas manos
en tus puños, Manos en las que tiemblan
nuestros labios nunca desembriagados,
grita el fulgor de una cadena!

Y en nuestro ser un sobresalto extraño
irrumpe, cuando quieren, Manos de ángel,
arrancaros la carga que os arrastra,
hasta que brota vuestra sangre.

LAS RESPUESTAS DE NINA

Él.— Regazo contra regazo,
¿y si nos fuéramos,
por la luz fresca y radiante,
y el pecho lleno

de un alba azul que nos baña
de vino y sol?
Cuando el bosque sangra, trémulo,
mudo de amor:

verdes gotas, por las ramas,
retoños claros,
en cuanto se abren, las vemos,
carne temblando.

Hundirás, blanca, en la alfalfa,
tu bata de hilo
que tiñe en rosa la ojera
de tu ojo endrino

Amante del campo, siembras
tu risa loca

como espuma de champaña,
si te desbocas.

Risa en mí, ebrio salvaje,
¡quien te cogiera
de pronto: te bebería
la hermosa trenza!

Sabor de fresa y frambuesa
¡Carne de flor!
Risa en el viento que besa
como un ladrón.

Risa en el rosal silvestre
que amante incordia:
¡Y, risa, risa en tu amante,
cabeza loca!

[¡Dichosa!: ¡Diecisiete años!
¡Los grandes prados,
la campiña enamorada!
¡Vente, a mi lado!…].

—Tu pecho contra mi pecho,
juntos, cantando,
despacito hacia el bosque,
¡luego al barranco…!
Y, luego, muerta chiquita,
si te desmayas,
en brazos, me pedirías
que te llevara…

Iríamos, temblorosos,
por el atajo;
mientras cantara el pájaro:
Del avellano…

Boca a boca te hablaría
mientras aprieto
tu cuerpo, como el de un niño,
de sangre ebrio:

sangre azul, por tu carne
blanca y rosada;
hablándote, como tú hablas…
bien a las claras.

El bosque olería a savia
verde y bermejo,
y el sol sembraría de oro
fino su sueño

¿Cogeremos, por la tarde ,
la senda blanca,

sin rumbo, como el rebaño
que en tomo pasta…?
Hierba azul , corvos manzanos
de los vergeles
¡cómo su fuerte perfume
de lejos, huele!

Llegaremos, casi a oscuras,
hasta la aldea,
cuando el olor de la leche
la noche impregna;

olor de establo colmado
de estiércol cálido,
de lentos resuellos rítmicos
y lomos anchos

que blanquea una luz tenue…
y a nuestro lado,
pasito a paso, una vaca
ira cagando.

—Los anteojos de la abuela,
con la nariz
en su misal; la cerveza,
en bock de cinc,

espumosa entre las pipas
que fuman, tercas:

horrendos labios hinchados
fumando, mientras

el jamón se van tragando
todos a una;
cuando el lecho y los baúles
el fuego alumbra.

El culo craso y lustroso
de un niño gordo
que mete por los tazones
blanco, su morro

rozado por un hocico
que gruñe amable
y lame la oronda cara
del tierno infante…

[Negra, altiva, en su sillita
atroz contorno,
una vieja junto al fuego
hila su coco.]

¡Cuántas cosas podrás ver
en los chamizos,
cuando la luz, clara, alumbre
los grises vidrios…!

—Luego, la ventana oculta
entre las lilas
negras y frescas, que ríe
¡tan chiquitita!…

¡Vendrás, vendrás… que te quiero!
¡Será tan bello!
¡Vendrás! ¿verdad? porque incluso…

ELLA. – *¿Pero, y mi empleo?*

LOS CUERVOS

Señor, cuando los prados están fríos
y cuando en las aldeas abatidas
el ángelus lentísimo acallado,
sobre el campo desnudo de sus flores
haz que caigan del cielo, tan queridos,
los cuervos deliciosos.

¡Hueste extraña de gritos justicieros
el cierzo se ha metido en vuestros nidos!
A orilla de los ríos amarillos,
por la senda de los viejos calvarios,
y en el fondo del hoyo y de la fosa,
dispersaos, uníos.

A millares, por los campos de Francia,
donde duermen nuestros muertos de antaño,
dad vueltas y dad vueltas, en invierno,
para que el caminante, al ir, recuerde.
¡Sed pregoneros del deber, ¡Oh nuestros
negros pájaros fúnebres!

Santos del cielo, en la cima del roble,
mástil perdido en la noche encantada,
dejad la curruca de la primavera
para aquél que en el bosque encadena,
bajo la yerba que impide la huida,
la funesta derrota.

LOS DESPAVORIDOS

Negros en la nieve y en la bruma,
frente al gran tragaluz que se alumbra
con su culo en corro,

de hinojos, cinco niños con hambre
miran cómo el panadero hace
una hogaza de oro…

Ven girar al brazo fuerte y blanco
en la masa gris que va horneando
en la boca clara,

y escuchan cómo el rico pan cuece;
y el panadero, de risa alegre
su tonada canta

Se apiñan frente al tragaluz rojo,
quietos, para recibir su soplo
cálido cual seno;

y cuando, al dar las doce, el pan sale
pulido, torneado y curruscante,
de un rubio moreno,

cuando, bajo las vigas ahumadas,
las cortezas olorosas cantan,
como canta el grillo,

cuando sopla esa boca caliente
la vida… con el alma alegre
cobijada en pingos,

se dan cuenta de lo bien que viven…
¡Pobres niños que la escarcha viste!
—Todos tan juntitos,

apretando su hociquillo rosa
a las rejas; cantan cualquier cosa
por los orificios,

quedos, quedos —como una plegaria…
inclinados hacia la luz clara
de este nuevo cielo,

tan tensos, que estallan los calzones:
y sus blancas camisas de pobres
tiemblan en el cierzo.

LOS LABIOS CERRADOS

Existe en Roma, en la Sixtina
cubierta de emblemas cristianos
una vitrina escarlatina
do secan nasos muy ancianos

Nasos de ascetas tebaídicos,
nasos de prestes del Grial
do nacieron nocturnos tísicos
y el canto llano sepulcral

En sus místicas sequedades,
cada mañana se introducen
las cismáticas suciedades
que a polvo fino se reducen.

LOS POBRES EN LA IGLESIA

Aparcados en bancos de roble, en los rincones
de la iglesia que entibia su aliento, con los ojos
clavados en el coro dorado, mientras brama
la escolanía cánticos piadosos por sus fauces,
aspirando la cera como un olor de hogaza,
dichosos, humillados, cual perros que apalean,
los pobres del Buen Dios, el patrón y el señor,
ofrecen sus Oremus, irrisorios y obtusos.

¡Está bien ofrecerle bancos lisos a la hembra
después de los seis días en que Dios la maltrata!
pues acuna, revuelto en extrañas pellizas,
algo parejo a un niño que llora sin cesar.

Con las tetas mugrientas al aire, estas sopistas,
con la oración prendida en ojos que no rezan,
miran a las golfillas de triste pavoneo,
busconas bajo el ala del sombrero deforme.

Fuera, el frío y el hambre y el hombre con su juerga:
¡pues, vale! una hora más; después males a miles.
—Mientras, en torno a ellas, gime, ganguea, charla
un grupito de viejas con enormes papadas.

Y están los epilépticos y esos despavoridos
que todo el mundo huye en las encrucijadas;
y husmeando gozosos en los viejos misales
esos ciegos que un perro introduce en los patios.

Babeando una fe pordiosera y estúpida,
todos dicen su queja infinita a Jesús
que sueña en lo alto, lívido, por la luz amarilla,
lejos de flacos malos y de malos panzudos,

del olor de la carne y las telas mohosas:
farsa humilde y sombría de gestos asquerosos.
—Y la oración florece con frases escogidas,
y el misticismo adopta matices apremiantes,

cuando en la nave el sol muere, y pliegues de seda
sosos y verdes risas, las damas de los barrios
distinguidos, —¡Jesús!— las enfermas de hígado,
dan a besar sus dedos, en el agua bendita.

LOS POETAS DE SIETE AÑOS

Y la Madre, cerrando el libro del deber
se marcha, satisfecha y orgullosa; no ha visto
en los ojos azules y en la frente abombada,
el alma de su hijo esclava de sus ascos.

Durante todo el día sudaba de obediencia;
muy listo; sin embargo, algunos gestos negros
pintaban en sus rasgos agrias hipocresías.
En el pasillo oscuro con cortinas mohosas,
le sacaba la lengua, al pasar, con los puños
metidos en las ingles, frunciendo el entrecejo.
Una puerta se abría en la noche: la lámpara
lo alumbraba en lo alto, gruñendo en la lomera,
bajo un golfo de luz colgado del tejado.
Sobre todo en verano, estúpido y vencido,
pertinaz, se encerraba en las frescas letrinas;
y allí pensaba, quieto, liberando su olfato.

Cuando el jardín, lavado del aroma del día
tras la casa, en invierno se inundaba de luna,

tumbado al pie de un muro, enterrado en la marga,
y apretando los ojos para tener visiones,
escuchaba sarnosos rumores de espaldares
¡Compasión! sólo amaba a esos niños canijos,
que avanzan, sin sombrero, con mirar desteñido,
hundiendo macilentos dedos, negros de barro,
en mugrientos harapos que huelen a cagada
y que hablan con dulzura igual que los cretinos.
Y, si su madre al verlo, presa de compasiones
inmundas , se asustaba, la ternura del niño,
honda, se abalanzaba contra aquella extrañeza.
¡Está bien! Pues tenía el ojo azul —¡que miente!

A los siete, ya hacía novelas sobre el mundo
del gran desierto, donde la Libertad robada
luce: ¡sol, bosque, orillas, sabanas! Se ayudaba
con textos ilustrados en los que, ebrio, veía
Españolas que rien y también Italianas,
y de pronto llegaba, loca y vestida de india,
—ocho años—, ojos negros, la hija de los obreros
de al lado —una bruta, que un día le saltó,
desde un rincón, encima, agitando sus trenzas…
y al verla encima de él, le mordía las nalgas,
pues no llevaba nunca falda con pantalón
—Y como ella le hiriese con puños y talones,
se llevó hasta su cuarto el sabor de su piel.

Temía los tristísimos domingos de diciembre,
cuando, bien repeinado y en mesa de caoba,
leía en una Biblia de cantos color berza;
los sueños le oprimían cada noche en la alcoba.
No amaba a Dios; sólo a los hombres negros con blusa,
que veía, de noche, por el hosco suburbio,
donde los pregoneros, tras un triple redoble
de tambor, reunían entorno a las proclamas
el gruñido y los gritos de aquella muchedumbre.
Soñaba con praderas en amor, en las que olas
luminosas, perfumes y pubescencias de oro
se agitan lentamente hasta emprender el vuelo.

Y al gozar, ante todo, con las cosas umbrías,
cuando en la habitación, con la persiana echada,
alta, azul, aunque llena de ásperas humedades,
leía su novela mil veces meditada,
cargada de ocres cielos y bosques sumergidos,
y de flores de carne que hacia el cielo se abrían,
¡vértigos y derrubios, fracaso y compasión!
—Mientras iba creciendo el rumor del suburbio
en la calle—, acostado, solo, sobre cretonas
crudas, y presintiendo la vela con furor.

LOS SENTADOS

Costrosos, negros, flacos, con los ojos cercados
de verde, dedos romos crispados sobre el fémur,
con la mollera llena de rencores difusos
como las floraciones leprosas de los muros;

han injertado gracias a un amor epiléptico
su osamenta esperpéntica al esqueleto negro
de sus sillas; ¡sus pies siguen entrelazados
mañana, tarde y noche, a las patas raquíticas!

Estos viejos perduran trenzados a sus sillas,
al sentir cómo el sol percaliza su piel
o al ver en la ventana cómo se aja la nieve,
temblando como tiemblan doloridos los sapos.

Los Asientos les brindan favores, pues, prensada,
la paja oscura cede a sus flacos riñones
y el alma de los soles pasados arde, presa
de las trenzas de espigas donde el grano cuajaba

Los Sentados, cual músicos, con la boca en sus muslos,
golpean con sus dedos el asiento, rumores
de tambor, del que sacan barcarolas tan tristes
que sus cabezas rolan en vaivenes de amor.

—¡Ah, que no se levanten! Llegaría el naufragio…
Pero se alzan, gruñendo, como gatos heridos,
desplegando despacio, rabiosos, sus omóplatos:
y el pantalón se abomba, vacío, entorno al lomo.

Oyes cómo golpean con sus cabezas calvas
las paredes oscuras, al andar retorcidos,
¡y los botones son, en su traje, pupilas
de fuego que nos hieren, al fondo del pasillo!

Mas tienen una mano invisible que mata:
al volver, su mirada filtra el veneno negro
que llena el ojo agónico del perro apaleado,
y sudas, prisionero de un embudo feroz.

Se sientan, con los puños ahogados en la mugre
de sus mangas, y piensan en quien les hizo andar;
y del alba a la noche, sus amígdalas tiemblan
bajo el mentón, racimos a punto de estallar.

Y cuando el sueño austero abate sus viseras,
sueñan, sobre sus brazos, con sillas fecundadas:
auténticos amores, mínimos, como asientos
bordeando el orgullo de mesas de despacho.

Flores de tinta escupen pólenes como tildes,
acunándolos sobre cálices en cuclillas,
como a ras de unos gladios un vuelo de libélulas
—y su miembro se excita al rozar las espigas.

MI BOHEMIA

Me iba, con los puños en mis bolsillos rotos…
mi chaleco también se volvía ideal,
andando, al cielo raso, ¡Musa, te era tan fiel!
¡cuántos grandes amores, ay ay ay, me he soñado!

Mi único pantalón era un enorme siete.
—Pulgarcito que sueña, desgranaba a mi paso
rimas Y mi posada era la Osa Mayor.
—Mis estrellas temblaban con un dulce frufrú.

Y yo las escuchaba, al borde del camino
cuando caen las tardes de septiembre, sintiendo
el rocío en mi frente, como un vino de vida.

Y rimando, perdido, por las sombras fantásticas,
tensaba los cordones, como si fueran liras,
de mis zapatos rotos, junto a mi corazón.

MIS PEQUEÑAS ENAMORADAS

Un hidrolito lagrimal lava
los cielos color de berza
bajo el árbol de tiernos retoños
que vuestros cauchos babea,

blancos, con sus lunas singulares
y sus redondos pialatos:
¡entrechocad vuestras rodilleras
mis adefesios amados!

En aquellos tiempos nos queramos,
¡mi azul y triste adefesio!
comíamos huevos al minuto
y murajes color cielo.

Una noche me ungiste poeta,
mi adefesio rubio y garzo:
ven a mi lado, quiero azotarte
cuando estés en mi regazo.

Vomité tu crasa bandolina
lustroso adefesio negro:
tú, mi bandolón me cortarías
por lo sano, a ras del pelo.

¡Qué asco, mi saliva reseca,
adefesio pelirrojo,
emponzoña aún las trincheras
de tus dos pechos orondos!

¡Pequeñas enamoradas mías,
cuánto y cuánto puedo odiaros!
¡Parchead con tristes bofetadas
vuestras tetas, que dan asco!

¡Saltad, saltad, viejas escudillas
repletas de sentimiento;
vamos, saltad, a ser bailarinas
tan sólo por un momento!

Los omóplatos se os desencajan,
amores, amores míos:
con una estrella en el lomo, cojas,
¡a seguir con vuestros giros!

¡Y para colmo, yo he rimado
en honor de estos perniles!
¡Si os pudiera romper las caderas
y de mi amor redimirme!

Montón sin gracia de estrellas rotas
volved a vuestros rincones
—Reventaréis en Dios, bien cargados
de ignominia los serones.
Bajo las lunas particulares
y sus redondos pialatos,
¡entrechocad vuestras rodilleras,
mis adefesios amados!

MUERTOS DEL 92

Muertos del Noventa y dos y del Noventa y tres,
que, pálidos del beso que da la libertad,
tranquilos, destrozasteis con los zuecos el yugo
que pesa sobre el alma y la frente del mundo;

Hombres extasiados, grandes en la tormenta,
vosotros, cuyo amor brincó envuelto en harapos,
soldados que la Muerte sembró, Amante noble,
para regenerarlos, por los antiguos surcos;

cuya sangre lavó la grandeza ensuciada.
Muertos allá en Valmy, en Fleuru, en Italia,
millón de Cristos, Muertos, de ojos dulces y oscuros;

dormid con la República, mientras nosotros vamos
doblados bajo reyes como bajo una tralla.
—Pues son los Cassagnac los que ahora os recuerdan.

OFELIA

I

En las aguas profundas que acunan las estrellas,
blanca y cándida, Ofelia flota como un gran lilio,
flota tan lentamente, recostada en sus velos…
cuando tocan a muerte en el bosque lejano.

Hace ya miles de años que la pálida Ofelia
pasa, fantasma blanco por el gran río negro;
más de mil años ya que su suave locura
murmura su tonada en el aire nocturno.

El viento, cual corola, sus senos acaricia
y despliega, acunado, su velamen azul;
los sauces temblorosos lloran contra sus hombros
y por su frente en sueños, la espadaña se pliega.

Los rizados nenúfares suspiran a su lado,
mientra ella despierta, en el dormido aliso,
un nido del que surge un mínimo temblor…
y un canto, en oros, cae del cielo misterioso.

II

¡Oh tristísima Ofelia, bella como la nieve,
muerta cuando eras niña, llevada por el río!
Y es que los fríos vientos que caen de Noruega
te habían susurrado la adusta libertad.

Y es que un arcano soplo, al blandir tu melena,
en tu mente transpuesta metió voces extrañas;
y es que tu corazón escuchaba el lamento
de la Naturaleza —son de árboles y noches.

Y es que la voz del mar, como inmenso jadeo
rompió tu corazón manso y tierno de niña;

y es que un día de abril, un bello infante pálido,
un loco miserioso, a tus pies se sentó.

Cielo, Amor, Libertad: ¡qué sueño, oh pobre Loca!
Te fundías en él como nieve en el fuego;
tus visiones, enormes, ahogaban tu palabra.
—Y el terrible Infinito espantó tu ojo azul.

III

Y el poeta nos dice que en la noche estrellada
vienes a recoger las flores que cortaste,
y que ha visto en el agua, recostada en sus velos,
a la cándida Ofelia flotar, como un gran lis.

ORACIÓN DEL ATARDECER

Como un ángel sentado en manos de un barbero,
vivo, alzando la jarra de profundos gallones,
combados hipogastrio y cuello, con mi pipa,
bajo un henchido viento de leves veladuras.

Como excrementos cálidos de viejos palomares
mil Sueños me producen suaves quemazones

y mi corazón, triste, se parece a la albura
que ensangrientan los oros ocres que el árbol llora.

Después, tras engullirme mis Sueños con cuidado,
me vuelvo y, tras beberme treinta o cuarenta jarras,
me concentro, soltando mis premuras acérrimas:

manso como el Señor del cedro y del hisopo
meo hacia el pardo cielo, alto, alto, tan lejos…
con el consentimiento de los heliotropos.

OSCURO Y FRUNCIDO COMO UN CLAVEL ROJO

Oscuro y fruncido como un clavel morado,
respira, abrigado entre el musgo humildemente,
húmedo aun del amor que fluye lentamente
por sus blancas nalgas hasta su borde orlado.

Filamentos parecidos a lágrimas de leche
lloraron, rechazados por la ventisca monstruosa,
cruzando pequeños coágulos de lodo rosa
hacia donde la vertiente los llama a perderse.

Mi sueño se ha unido a menudo a su ventosa;
mi alma, del coito material anhelosa,
lo hizo su lagrimal y de sus llantos morada.

Es el olivo desmayado, y la flauta mimosa;
es el tubo en que descienden golosinas gloriosas:
¡Canaán femenina entre humedades aislada!

PRIMERA VELADA

Desnuda, casi desnuda;
y los árboles cotillas
a la ventana arrimaban,
pícaros, su fronda pícara.

Asentada en mi sillón,
desnuda, juntó las manos.
Y en el suelo, trepidaban,
de gusto, sus pies, tan parvos.

—Vi cómo, color de cera,
un rayo con luz de fronda
revolaba por su risa
y su pecho —en la flor, mosca,

—Besé sus finos tobillos.
Y estalló en risa, tan suave,

risa hermosa de cristal.
desgranada en claros trinos…

Bajo el camisón, sus pies
—¡Basta, basta!» —se escondieron.
—¡La risa, falso castigo
del primer atrevimiento!

Trémulos, pobres, sus ojos
mis labios besaron, suaves:
—Echó, cursi, su cabeza
hacia atrás: «Mejor, si cabe…!

Caballero, dos palabras…»»
—Se tragó lo que faltaba
con un beso que le hizo
reírse… ¡qué a gusto estaba!

—Desnuda, casi desnuda;
y los árboles cotillas
a la ventana asomaban,
pícaros, su fronda pícara.

RABIAS DE CÉSARES

El Hombre exangüe, por los prados florecidos,
camina, va de negro, con el puro en la boca;
El Hombre exangüe evoca Tullerías en flor,
—y su ojo, muerto, a veces cobra brillos de fuego….

Ebrio, el Emperador, tras veinte años de orgía
pensaba: «¡Soplaré sobre la Libertad
con mucho cuidadito, como sobre una vela!».
¡La libertad renace!… —¡y está desriñonado!

Está preso. —¿Qué nombre por sus labios sin eco
palpita? ¿qué añoranza implacable lo muerde?
No se sabrá, pues tiene, el ojo muerto, el César.

Piensa, quizás, en su Compadre con gafitas…
—Y mira cómo fluye de su puro encendido,
como en Saint—Cloud, de noche, la tenue nube azul.

SEGÚN IBA BAJANDO POR RÍOS IMPASIBLES

Según iba bajando por ríos impasibles,
me sentí abandonado por los hombres que sirgan:
Pieles Rojas gritones les habían flechado,
tras clavarlos desnudos a postes de colores.

Iba, sin preocuparme de carga y de equipaje,
con mi trigo de Flandes y mi algodón inglés.
Cuando al morir mis guías, se acabó el alboroto:
los Ríos me han llevado, libre, adonde quería.

En el vaivén ruidoso de la marea airada,
el invierno pasado, sordo, como los niños,
corrí. Y las Penínsulas, al largar sus amarras,
no conocieron nunca zafarrancho mayor.

La galerna bendijo mi despertar marino,
más ligero que un corcho por las olas bailé
—olas que, eternas, rolan los cuerpos de sus víctimas—
¬diez noches, olvidando el faro y su ojo estúpido.

Agua verde más dulce que las manzanas ácidas
en la boca de un niño mi casco ha penetrado,
y rodales azules de vino y vomitonas
me lavó, trastocando el ancla y el timón.

Desde entonces me baño inmerso en el Poema
del Mar, infusión de astros y vía lactescente,
sorbiendo el cielo verde, por donde flota a veces,
pecio arrobado y pálido, un muerto pensativo.

Y donde, de repente, al teñir los azules,
ritmos, delirios lentos, bajo el fulgor del día,
más fuertes que el alcohol, más amplios que las liras,
fermentan los rubores amargos del amor.

Sé de cielos que estallan en rayos, sé de trombas,
resacas y corrientes; sé de noches… del Alba
exaltada como una bandada de palomas.
¡Y, a veces, yo sí he visto lo que alguien creyó ver!

He visto el sol poniente, tinto de horrores místicos,
alumbrando con lentos cuajarones violetas,
que recuerdan a actores de dramas muy antiguos,
las olas, que a lo lejos, despliegan sus latidos.

Soñé la noche verde de nieves deslumbradas,
beso que asciende, lento, a los ojos del mar,
el circular de savias inauditas, y azul
y glauco, el despertar de fósforos canoros.

Seguí durante meses, semejante al rebaño
histérico, la ola que asalta el farallón,
sin pensar que la luz del pie de las Marías
pueda embridar el morro de asmáticos Océanos.

¡He chocado, creedme, con Floridas de fábula,
donde ojos de pantera con piel de hombre desposan
las flores! ¡Y arcos iris, tendidos como riendas
para glaucos rebaños, bajo el confín marino!

¡He visto fermentar marjales imponentes,
nasas donde se pudre, en juncos, Leviatán!
¡Derrubios de las olas, en medio de bonanzas,
horizontes que se hunden, como las cataratas.
¡Hielos, soles de plata, aguas de nácar, cielos
de brasa! Hórridos pecios engolfados en simas,
donde enormes serpientes comidas por las chinches
caen, desde los árboles corvos de negro aroma!

Quisiera haber mostrado a los niños doradas
de agua azul, esos peces de oro, peces que cantan.
—Espumas como flores mecieron mis derivas
y vientos inefables me halaron, al pasar.

A veces, mártir laso de polos y de zonas,
el mar, cuyo sollozo suavizaba el vaivén,
me ofrecía sus flores de umbría, gualdas bocas,
y yacía, de hinojos, igual que una mujer.

Isla que balancea en sus orillas gritos
y cagadas de pájaros chillones de ojos rubios

bogaba, mientras por mis frágiles amarras
bajaban, regolfando, ahogados a dormir.

Y yo, barco perdido bajo cabellos de abras,
lanzado por la tromba en el éter sin pájaros,
yo, a quien los guardacostas o las naves del Hansa
no le hubieran salvado el casco ebrio de agua,

libre, humeante, herido por brumas violetas,
yo, que horadaba el cielo rojizo, como un muro
del que brotan —jalea exquisita que gusta
al gran poeta— líquenes de sol, mocos de azur,

que corría estampado de lúnulas eléctricas,
tabla loca escoltada por hipocampos negros,
cuando julio derrumba en ardientes embudos,
a grandes latigazos, cielos ultramarinos,

que temblaba, al oír, gimiendo en lejanía,
bramar los Behemots y, los densos Malstrones,
eterno tejedor de quietudes azules,
yo, añoraba la Europa de las viejas murallas

¡He visto archipiélagos siderales, con islas
cuyo cielo en delirio se abre para el que boga:
—¿Son las noches sin fondo, donde exiliado duermes,
millón de aves de oro, ¡oh futuro Vigor!? .

¡En fin, mucho he llorado! El Alba es lastimosa.
Toda luna es atroz y todo sol amargo:
áspero, el amor me hinchó de calmas ebrias.
¡Que mi quilla reviente! ¡Que me pierda en el mar!

Si deseo alguna agua de Europa, está en la charca
negra y fría, en la que en tardes perfumadas,
un niño, acurrucado en sus tristezas, suelta
un barco leve cual mariposa de mayo.

Ya no puedo, ¡oleada!, inmerso en tus molicies,
usurparle su estela al barco algodonero,
ni traspasar la gloria de banderas y flámulas
ni nadar, ante el ojo horrible del pontón.

SENSACIÓN

Iré, cuando la tarde cante, azul, en verano,
herido por el trigo, a pisar la pradera;
soñador, sentiré su frescor en mis plantas
y dejaré que el viento me bañe la cabeza.

Sin hablar, sin pensar, iré por los senderos:
pero el amor sin límites me crecerá en el alma.
Me iré lejos, dichoso, como con una chica,
por los campos, tan lejos como el gitano vaga.

SOL Y CARNE

I

El sol, hogar de vida radiante de ternura,
vierte su ardiente amor sobre el mundo extasiado;
y cuando nos tumbamos en el valle, sentimos
que la tierra es doncella rebosante de sangre;
que su inmenso regazo, henchido por un alma,
es de amor, como Dios, de carne, como una hembra
y que encierra, preñada de savias y de luces,
el hervidero inmenso de todos los embriones.

Todo crece, pujante.
¡Oh Venus, oh diosa!
Añoro aquellos días, cuando el mundo era joven,
con sátiros lascivos, con silváticos faunos,
con dioses que mordían, en amor, la enramada,
besando entre ninfeas a la Ninfa dorada.
Añoro aquellos días, cuando la savia cósmica,
el agua de los ríos y la sangre rosada
de los árboles verdes, en las venas de Pan
encerraba tremante un mundo, y que la tierra,
bajo su pie de cabra, lozana palpitaba;
cuando, al besar, suave, su labio la siringa,
tocaba bajo el cielo el gran himno de amor;
cuando en medio del campo, oía, en torno a él,
la respuesta, a su voz, de la Naturaleza;
cuando el árbol callado que acuna el son del ave,

y la tierra que acuna al hombre, y el Océano
azul, inmensamente, y todo lo creado,
animales y plantas, amaba, amaba en Dios.

Añoro aquellos días de Cibeles, la grande,
que recorría, cuentan, enormemente bella,
en su carro de bronce, ciudades deslumbrantes:
sus senos derramaban, gemelos, por doquier
el arroyo purísimo de la vida infinita;
y el hombre succionaba, dichoso, la ubre santa,
como un niño pequeño que juega en su regazo.
—Y el Hombre, por ser fuerte, era casto y afable.

Por desgracia, ahora dice: ya sé todas las cosas;
y va, avanzando a ciegas, sin oír, sin mirar.
—¡Así pues, ya no hay dioses! ¡Ya sólo el Hombre es Rey,
sólo él Dios! ¡Pero Amor es la única Fe …!
¡Si el hombre aún bebiera de tus ubres, Cibeles,
gran madre de los dioses y de todos los hombres,
si no hubiera olvidado la inmortal Astarté,
que antaño, al emerger en el fulgor inmenso
del mar, cáliz de carne que la ola perfuma,
mostró su ombligo rosa, donde la espuma nieva,
e hizo cantar, Diosa de ojos negros triunfales,
el roncal en el bosque y en el pecho el amor!

II

¡Creo en ti, creo en ti! Divinidad materna,
¡Afrodita marina! —Pues, el camino es áspero
desde que el otro Dios nos unció a su cruz;
¡Came, Flor, Mármol, Venus, es en ti en quien creo!
—El Hombre es triste y feo, triste bajo los cielos;
y ahora anda vestido, ahora que no es casto,
pues ensució su busto orgulloso de dios
y se ha ido encogiendo, cual ídolo en la hoguera,
al dar su cuerpo olímpico a sucias servidumbres;
incluso, tras la muerte, quiere vivir, burlando
con pálido esqueleto su belleza primera.
—Y el ídolo al que diste tanta virginidad,
alzando a lo divino nuestra arcilla, la Hembra,

con vistas a que el Hombre alumbrara su alma,
subiendo lentamente, en un amor inmenso,
de la cárcel terrestre al día, en su belleza,
la Hembra, ¡ya ni sabe ser simple cortesana!
—¡Qué broma tan pesada! ¡y el mundo ríe estúpido
al oírte nombrar, dulce, sacra y gran Venus!

III

¡Si el tiempo retomara, el tiempo que ya fue…!
—¡El Hombre está acabado, se acabó su teatro!
Y un día, a plena luz, harto de romper ídolos,
libre renacerá, libre de tantos dioses,
buceando en los cielos, pues pertenece al cielo.
¡El Ideal, eterno pensamiento invencible,
ese dios que se agita en la camal arcilla,
subirá, subirá, y arderá en su cabeza!
Y, cuando lo sorprendas mirando el horizonte,
libre de viejos yugos que desprecia sin miedos,
vendrás a concederle la santa Redención
—Espléndida, radiante, del seno de los mares
nacerás, derramando por el vasto Universo
el Amor infinito en su infinita risa:
el Mundo vibrará como una lira inmensa
en el temblor sin límites de un beso repetido.

—El Mundo está sediento de Amor: aplácalo.

[¡Libre, el hombre levanta, altiva, su cabeza!
¡Y, raudo, el rayo prístino de la primer belleza
da vida al dios que late en el altar de carne!
Dichoso en su presente, pálido en su recuerdo,
el hombre quiere ahondar, —y saber. ¡La Razón,
tanto tiempo oprimida en sus maquinaciones,
salta de su cerebro! —¡Ella sabrá el Porqué!…
¡Que brinque libre y ágil: y el Hombre tendrá Fe!
¿Por qué es mudo el azur e insondable el espacio?
¿Por qué los astros de oro que hierven como arena?
Si subiéramos más y más, allá arriba ¿qué habría?
¿Existe algún Pastor de este inmenso ganado
de mundos trashumantes por el horrible espacio?

Y estos mundos que el éter abraza inmensamente
¿vibran, acaso, al son de una llamada eterna?
—¿El Hombre puede ver? ¿y decir: creo, creo?
¿La voz del pensamiento va más allá del sueño?
Si en el nacer es raudo, si su vida es tan corta
¿de dónde viene el Hombre? ¿se abisma en el Océano
profundo de los gérmenes, los Fetos, los Embriones,
en el Crisol sin fondo del que la Madre cósmica
lo resucitará, criatura que vive,
para amar en la rosa y crecer en los trigos?…

¡No podemos saberlo! —¡Estamos agobiados
por un oscuro manto de ignorancia y quimeras!
¡Farsas de hombre, caídos de las vulvas maternas,
nuestra razón, tan pálida, nos vela el infinito!
¡Si queremos mirar, la Duda nos castiga!
La duda, triste pájaro, nos hiere con sus alas!…
—¡Y en una huida eterna huyen los horizontes!

¡Ancho se entreabre el cielo! ¡Los misterios han muerto
ante el Hombre, de pie, que se cruza de brazos,
fuerte, en el esplendor de la naturaleza!
Si canta… el bosque canta, y el río rumorea
un cántico radiante que brota hacia la luz!…
—¡Llegó la Redención! ¡Amor, amor, Amor!…].

IV

¡Oh esplendor de la came! ¡Ideal esplendor!
¡Renadío de amores, amanecer triunfal,
cuando, a sus pies tendidos los Dioses y los Héroes,
Calipigia la blanca y el Eros diminuto
rozarán, coronados por la nieve de rosas,
la mujer y la flor que adorna su pisada!
—Grandiosa Ariadna, que derramas tu llanto
por las playas, al ver huir en lejanía,
blanca en la luz solar, la vela de Teseo…

oh dulce virgen niña que una noche ha tronchado,
¡calla!… En su carro de oro orlado de uvas negras,

por los campos de Frigia, Lisios pasa; lo llevan,
panteras de piel roja y tigres lujuriosos
y dora,. al recorrer ríos de aguas azules,
el verdor de los musgos en la orilla enfoscada.
Zeus, Toro, en su nuca, acuna como a niña
Europa desnuda que enlaza con su blanco
brazo el cuello nervioso del Dios estremecido
que la mira, despacio, de soslayo, en el agua.
Y dejando que, pálida, su cara en flor resbale
por la frente de Zeus, muere y cierra los ojos
en el beso del Dios; y el agua que murmulla
con su espuma dorada florece sus cabellos.
—Entre la adelfa rosa y el loto charlatán
se desliza, en amor, el gran Cisne que sueña
y su ala blanca abraza la blancura de Leda;
Y, mientras, Cipris pasa, enormemente hermosa,
cimbreando la curva rotunda de su grupa,
desplegando orgullosa el oro de sus pechos
y su vientre nevoso que un negro musgo orla;
—Heracles, Domador, que en su gloria se cubre
el cuerpo fuerte y vasto con la piel de un león,
a lo lejos avanza, con frente dulce y fiera.

Rozada por la luna de estío, levemente,
de pie, desnuda, sueña en su palor dorado
que tiñe la ola densa de un pelo azul y largo,
en el calvero oscuro donde el musgo se estrella,
la Driade que mira el cielo silencioso…
—Y la blanca Selene deja flotar su velo,
temerosa, a los pies del hermoso Endimión,
y su beso resbala por un pálido rayo…
—La Fuente llora, sola, con prolongado éxtasis…
Es la ninfa que sueña, apoyada en el ánfora,
en el bello doncel blanco, en sus aguas preso.
—Una brisa de amor transita por la noche,
y en el bosque sagrado, en sus horribles frondas,
de pie, majestuosos, los Mármoles oscuros,
los Dioses coronados por nidos de Pinzón,
escuchan a los Hombres y a todo el Universo.

SONETO DEL HUECO DEL CULO

Oscuro y fruncido como un clavel morado,
respira, abrigado entre el musgo humildemente,
húmedo aun del amor que fluye lentamente
por sus blancas nalgas hasta su borde orlado.

Filamentos parecidos a lágrimas de leche
lloraron, rechazados por la ventisca monstruosa,
cruzando pequeños coágulos de lodo rosa
hacia donde la vertiente los llama a perderse.

Mi sueño se ha unido a menudo a su ventosa;
mi alma, del coito material anhelosa,
lo hizo su lagrimal y de sus llantos morada.

Es el olivo desmayado, y la flauta mimosa;
es el tubo en que descienden golosinas gloriosas:
¡Canaán femenina entre humedades aislada!

SUEÑO PARA EL INVIERNO

En invierno nos iremos, sobre cojines azules,
en un vagoncito rosa.
Tan a gusto, cuando un nido de besos locos se duerme
en cada blando rincón.

Cerrarás los ojos para no mirar por los cristales
la noche y sus negras muecas,
los monstruos amenazantes, lobos negros, negros diablos
como muchedumbre atroz.

Después sentirás en la mejilla un arañazo…
Y un beso te correrá, como una araña alocada,
alocado por el cuello.

Y me dirás: «¡Busca, busca!», inclinando la cabeza.
—Pero, ¡cuánto tardaremos en encontrar ese bicho
que viaja y viaja sin meta…!

VENUS ANADIOMENA

Como de un ataúd verde, en hoja de lata,
con pelo engominado, moreno, y con carencias
muy mal disimuladas, de una añosa bañera
emerge, lento y burdo, un rostro de mujer.

El cuello sigue luego, craso y gris, y los hombros
huesudos, una espalda que duda en su salida
y, después, los riñones quieren alzar el vuelo:
bajo la piel, el sebo, a capas, como hojaldre.

El espinazo, rojo, y el conjunto presentan
un regusto espantoso, y se observa ante todo
detalles que es preciso analizar con lupa.

El lomo luce dos palabras: CLARA VENUS.
Un cuerpo que se agita y ofrece su montura
hermosa, con su úlcera, tenebrosa, en el ano.

VOCALES

A negro, E blanco, I rojo, U verde, O azul: vocales
algún día diré vuestro nacer latente:
negro corsé velludo de moscas deslumbrantes,
A, al zumbar en tomo a atroces pestilencias,

calas de umbría; E, candor de pabellones
y naves, hielo altivo, reyes blancos, ombelas
que tiemblan. I, escupida sangre, risa de ira
en labio bello, en labio ebrio de penitencia;

U, ciclos, vibraciones divinas, verdes mares,
paz de pastos sembrados de animales, de surcos
que la alquimia ha grabado en las frentes que estudian.

O, Clarín sobrehumano preñado de estridencias
extrañas y silencios que cruzan Mundos y Ángeles:
O, Omega, fulgor violeta de Sus Ojos.

CONTENIDO